DAS ENDE IST NAH ...

**Reflexzonen einer Hochkultur
von und mit dem
Zeitzeugen
MARKUS REICHL.**

Ungekürzte Ausgabe
Juli 2001
Herstellung: Books on Demand GmbH
Bestellung im Internet unter
www.libri.de
Printed in Germany - ISBN 3-8311-2116-8

Für die Masse der intellektuellen Tiefflieger
ein Buch mit sieben Siegeln -
Für die Liebhaber des anspruchsvollen Humors ein
wahres Feuerwerk, welches sich durch ein explosives
Gemisch aus vulgärem Zynismus und eloquentem
Sarkasmus zu einem Fest für die Sinne entzündet.
(D. Hill - v.i.S.d.P. Briefmarkenfreunde Leysiefen)

In Zeiten in denen der flache Humor
Hochkonjunktur hat,
zeichnet sich diese **REALSATIRE** durch eine
geradezu beängstigende Tiefgründigkeit aus.
(Dr. M.Ilbe - Fachblatt
"Rettet die Hautparasiten e.V.")

INHALT

WÖRTER UND ZEICHEN-ERKLÄRUNGEN

Metropolen - Oberschlesische U-Bahn

Legislaturperiode - Tiefschlafphase von Politikern

Diaphragma - Neugieriger Fotolaborant

Pomade - Bandwurm

Pomeranzen - Oberschlesischer Tornister

Trampolin - Oberschlesische Hüpfburg

Secret Service - Samenbank

Taifun - engl.: Sextourismus

Hazienda - Ende einer spanischen Grippewelle

Imponieren - medizinisch/anatomisches Wunder

Estrich - Mensa für Prostituierte

Harmonie - Kosename für Frau mit Damenbart

Garnison - Goldene Regel für Kannibalenväter

Exklave - geschiedener Mann

Sanitäter - nutzlose Zeugenanhörung

Schafott - Ausruf eines traurigen Hirten im
Rheinland

Summa-Sumarum - gelangweilte Stubenfliegen

Troika - zuverlässiges Auto in Russland

Kalorie - Frauenfeind

Konfektion - Frauenkrankheit

Spanferkel - Voyeur

Mulatte - Ochsenschwanz

Bulette - Missmutiger Balte

Zylinder – Gewinner des Kalkutta-Marathon

Oberliga - Missionarsstellung

Willkommen - Ausruf bei chinesischem Gruppensex

Scheusaal - Veranstaltungsraum für Langzeitsingles

Scheiterhaufen - Teilnehmer einer Single-Party nach Veranstaltungsende

Warmhalteplatte - Warteschleifenmusik einer Gay-Line

Versorgen - Kreativitätsprobleme eines Dichters

Reisewecker - Kokaintrip

Muskat - engl. plattgefahrene Katze respektive Gesellschaftsspiel für Rinder

Slalom - Gruß der israelischen Ski-Nationalmannschaft

Anchovis - Machos

Essay - Ruhrpott.: Aufforderung zu Essen

Melasse - ... de Dom in Kölle

Dolmetschen - weiblicher Karnevalsjeck in Kölle

Märtyrer - Limousine

Sabbat - feuchte Aussprache

Globus - sächsisch.: Campingmobil mit Toilette

Lokalanästhesie - Trinken bis zum umfallen

Alibi - zweigeschlechtiger Muselmane

Chloroform - Ideal-Standard Becken

Manifest - Namenstag Manfred

Mätresse - französische Rasenpflegerin

Layouter - Schnorrer

Tabularasa - verkehrsberuhigte Zone in Frankreich

Hämorrhoiden - Inselgruppe am Arsch der Welt

populär - ugs.: ausgeschissen

Defloration - Ausverkauf im Blumenladen

Totempfahl - Leichenstarre des männlichen Glieds

KAPITEL 1

DIE "MODERNE" FRAU!

Zum großen Leidwesen der wenigen Überlebenden der Emanzenbewegung der 70er Jahre muss an dieser Stelle unmissverständlich darauf hingewiesen werden, dass die durch Alice Schwarzer personifizierte Frauenpower einzig und allein dazu geführt hat, dass heute ungeniert für Tampons und Binden geworben werden darf. Gescheitert sind die heute wieder strickenden und rezeptaustauschenden Hausmütterchen an einer Tatsache, die nicht zuletzt auch durch meine eigene Langzeitstudie bestätigt wurde:

Frauen können ihresgleichen einfach nicht ausstehen.

"Blutsbruder", "Männertreu", "Mannschaft" und "Männerfreundschaft" sind seit Jahrtausenden fest-stehende Begriffe, für die es keinerlei weibliches Pendant gibt und die daher auch nicht weiter kommentiert werden müssen. Urtriebhaftes Konkurrenzverhalten macht es den Frauen einfach unmöglich, in einem gleichgeschlechtlichen Team zu arbeiten oder eine Frauenfreundschaft länger als drei Jahre aufrechtzuerhalten.

Eine Ausnahme bilden natürlich häufig auftretende Zweckbeziehungen zwischen attraktiven und "weniger attraktiven" Weibchen. Dabei setzt der mangelnde optische Reiz der einen Partei das oben erwähnte Konkurrenzverhalten außer Kraft. Futterneid gibt es in diesen Pseudofreundschaften nicht, da die unansehnlichere Partnerin sich darauf beschränkt, mit den eventuell abfallenden Brotkrumen vorlieb zu nehmen. Diese Aussage ist kein subjektiv-frauenfeindliches Vorurteil, sondern eine empirisch belegbare Situationsbeschreibung.

Wer kennt sie nicht, die ewig grinsenden Frauenduos, die an Deutschlands Theken auf willige und durch den Alkohol enthemmte Männer lauern, um sich einen One-Night-Ständer für die Nacht zu angeln. Alle diese Frauen, denen das liebliche Wörtchen "ficken" buchstäblich auf die Stirn tätowiert ist, möchte der Autor an dieser Stelle darauf aufmerksam machen, dass die gesellschaftliche Moral ein abwechslungsreiches Sexualleben immer noch sehr differenziert beurteilt: "Männer mit häufig wechselnden (weiblichen) Geschlechtspartnern sind nach wie vor "tolle Hechte"; Frauen, die der Vielmännerei frönen sind und bleiben alte Schlampen!" An dieser Stelle stellt sich auch die Frage nach der Definition des Begriffes:

TREUE!

Für fast alle weiblichen Vertreter unserer Rasse ist dieses Wort (und dessen Einhaltung) Grundvoraussetzung für jegliche Art von heterosexuellen Beziehungskisten.
Die noch nicht verweichlichten und von Impotenz betroffenen x & y- Chromosomenträger sehen den Begriff der Treue allerdings erheblich differenzierter.

Evolutionsbedingt waren wir Männer seit Urzeiten dazu angehalten unsere Gene an möglichst viele Samenempfängerinnen weiterzugeben. Das heißt im Klartext: Ohne Kopulationstrieb der Männer - keine Evolution.

Flach ausgedrückt: *Nicht-Ficken ist Stillstand!*

Ein kleiner Ausflug in die Fauna unseres Planeten bestätigt dieses Faktotum eindrucksvoll.

Im Tierreich (in letzter Instanz sind wir ja nichts anderes als wilde Tiere) sind seit jeher die männlichen Vertreter diejenigen, die aufgrund ihrer auffallend prächtigen Gestalt die entsprechenden Weibchen gleich reihenweise "umlegen" können, ohne von eifersüchtigen Furien einen mit dem Nudelholz übergebraten zu kriegen.

In der naturgegebenen Schönheit und Farbenpracht der Männer liegt wohl auch die Ursache der aus dem Neid geborenen Angewohnheit neuzeitlicher Frauen, sich künstlich mit Tusche, Farbe und Kleister aufzumotzen.

Wer kennt sie nicht, die grauenhaften, leblosen Fratzen, die sich nach stundenlangen Grundierungs- und Lackierarbeiten vorsichtig aus dem Badezimmer bewegen, um sich während der Lindenstraße genussvoll die oft klauenhaft gebogenen Fußnägel zu trocknen.

Wen wundert es ob dieser lächerlichen Imitationsversuche, dass der maskuline den femininen Zweig der Menschen nie wirklich ernst nehmen wird bzw. kann.

Primäre Aufgabe der Weibchen ist und bleibt nun einmal das Gebären und die Aufzucht des Nachwuchses.

Der spätestens an dieser Stelle auftretende Wunsch militanter Emanzen den Autor seiner Männlichkeit zu berauben (Penisneid) ist durchaus verständlich, aber schlichtweg unangebracht, denn er widerspricht dem natürlichen Drang aller Frauen sich schwängern zu lassen.

Genau hier müssen wir wieder die unterschiedlichen Definitionen des Begriffes "Treue" ins Spiel bringen.

Wie wir gelernt haben, kopulieren Frauen intentional um Kinder zu bekommen, wir Männer hingegen schlichtweg triebgesteuert, um unsere Gene in einen möglichst großen Genpool einbringen zu können.

Der Mann als schwanzgesteuertes Individuum, das sich immer und überall sinnlos vermehren möchte?

Wir sagen: *"Ja".*

Daraus muss man weiterhin schließen, dass sich hinter jedem Wort und jeglicher Regung unserer weiblichen Mitbürger eine ganz bestimmte Absicht verbirgt.

Jeder noch so kleine Augenaufschlag, jeder Migräneanfall, ja selbst die Menstruation ist offensichtlich nichts anderes als ein strategischer Schachzug in einem immerwährenden, generalstabsmäßig organisierten Kreuzzug gegen uns Männer.

Im Laufe der Entwicklung hat das vermeintlich "schwache Geschlecht" es also geschafft, sich geschickt aus seiner naturbestimmten Rolle als Muttertier zu manövrieren und die Männerwelt auf das grausamste zu unterjochen.

Der Begriff der Treue ist schließlich nichts anderes als eine Kastration natürlicher männlicher Triebe und beabsichtigt die vollständige Annexion des männlichen Individuums.

Klammheimlich und auf das übelste durchtrieben haben es diese Furien mittlerweile sogar geschafft, ihre wenigen, ureigensten gesellschaftlichen Aufgaben auf die hilflose Männerwelt abzuwälzen.

Seien wir doch einmal ehrlich: Welche Frau ist denn heute noch in der Lage, ein anständiges Wildschwein zuzubereiten oder ein einfaches Waschbrett zu bedienen? Der widernatürliche Begriff der Treue und dessen kompromisslose Einhaltung ist leider absolut gesellschaftsfähig geworden.

Er wird von der Gesetzgebung protegiert (Alimente) und dies alles sogar noch mit dem Segen der Kirche (Treuegelöbnis;- bis das der Tod uns scheidet).

Obwohl die modernen Frauen nach wie vor die Öffentlichkeit scheuen und in Politik und Wirtschaft nur als sogenannte "Quotenfrauen" in Erscheinung treten, halten sie die Fäden der zu reinen Hampelmännern retardierten, männlichen Führungskräfte fest in der Hand.

Nachdem sie es im Laufe der Jahre geschafft haben, den Sexualtrieb des Mannes nur noch auf ein einziges weibliches Wesen zu fokussieren (Treuegelöbnis), haben sie den Mann als solchen im wahrsten Sinne des Wortes an den Eiern. Durch geschickte Dosierung (Dose?) der

Kopulationsbereitschaft lässt sich die immer noch triebhafte Männerwelt bequem und simpel steuern! Wer von uns Männern wurde denn noch nicht mit dem Hinweis eines vorgetäuschten Migräneanfalles des Feldes verwiesen oder musste sich im Lexikon schlaumachen, was prä-, bzw. postmenstruelle Beschwerden sind. Wir wissen wie pralle Gonaden schmerzen können und sind der Willkür und der Boshaftigkeit der modernen Sklavenhalterinnen schutzlos ausgeliefert, weil sie den männlichen Libidotrieb gnadenlos und eiskalt als fleischgewordene Daumenschrauben ausnutzen („Sag' mal Schatz, hast du zufällig meinen Vibrator gesehen?").

Fairnesshalber und wie eingangs bereits erwähnt, muss allerdings auch darauf hingewiesen werden, dass nicht nur wir Männer unter den vielfältigen Boshaftigkeiten des weiblichen Geschlechts zu leiden haben, sondern (und dies ist vielleicht eine Schwachstelle im ausgeklügelten System der Doppel-X-Gen-Generation) durchaus auch gleichgeschlechtliche humane Ziele des Zorns werden können; - Stichwort:

EIFERSUCHT!

Hat eine dieser Schwarzen Witwen nämlich erst einmal ein männliches Opfer kampfunfähig gemacht und in einem Cocon aus Intrigen und sexueller Abhängigkeit gefangen, wird dieser Freifahrtsschein für ein sorgenfreies Leben bis aufs Blut gegen eventuelle Nebenbuhlerinnen verteidigt.

Wer kennt sie nicht, die mit Handtaschen und spitzer Zunge bewaffneten Fatalistinnen, die selbst der "allerbesten" Freundin keinen fingerbreit über den Weg trauen. Tja, Frau kennt sich halt.

Verletzter Männerstolz ist schlimm, verletzter
Frauenstolz tödlich!

Dem Autoren sind etliche Fälle bekannt, in denen Frauen an vermeintlichen Nebenbuhlerinnen aus der Grundschulzeit noch nach Jahrzehnten bei passender Gelegenheit genüsslich Rache nehmen. Selbst die vielzitierte und überwiegend von Männern praktizierte Blutrache in abgelegenen anatolischen Bergdörfern ist ein regelrechter Witz dagegen, Kokolores sozusagen.

Wenn es darum geht, der verletzten Ehre Genüge zu tun, fühlt man sich an das sprichwörtlich gute Gedächtnis von indischen Elefanten erinnert, die noch nach Jahrzehnten ehemalige Feinde kompromisslos wie lästige Küchenschaben zertreten. Hier herrscht offenbar eine Art Seelenverwandtschaft, welche sich teilweise in vergleichbaren Körperausmaßen widerspiegelt.

Tja, so kommt man(n) von Hölzchen aufs Stöckchen oder bildlicher gesprochen von Traumfrauen auf fette Quallen, beziehungsweise zu einem weiteren Beispiel für die exorbitante Selbstbeherrschung der weiblichen Rasse.

Während sich die Single-Frauen während ihrer Jagdzeit durch intensives Aerobic-Training und Trennkost fit halten, um optimal in das sexuelle Reizschema der

Männerwelt zu passen, gibt Frau sich nach erfolgter Heirat, spätestens aber nach der Geburt des ersten Kindes allen weltlichen Sinnesfreunden maßlos und ungezwungen hin.

Ein weiterer genialer Schachzug, denn diese Rokokofrauen sind mangels ansprechender Optik deutlich seltener den unerwünschten sexuellen Belästigungen der eigenen Ehemänner ausgesetzt. Hier ist unter anderem auch die Ursache für den überaus profitablen Wirtschaftszweig der Prostitution zu sehen.

Ebenfalls als direkte Folge der weiblichen Fettleibigkeit gilt es auch die sogenannte "Kneipenflucht" vieler Männer zu betrachten. Der Stammtisch und vor allem der Kegelverein sind doch nichts anderes als Ventile, um angestauten Frauenfrust in gleichgesinnter Runde abzubauen.

Betrachten wir die Form der kleinen weißen Holzkegel etwas genauer, lassen sich unschwer visuelle Parallelen zu den oben angesprochenen, meist besonders um die Hüften sehr ausladenden Weibsbilder erkennen: *Auffallend kleiner Kopf mit überproportional dickem Bauch, inklusive gebärfreudigem Becken!*

Das allwöchentliche, gemeinsame Umnieten dieser Frauensymbole ist also letztlich nichts anderes als ein stiller Protest einer zutiefst deprimierten Männerwelt und ein bemitleidenswerter Hilferuf einer unterdrückten und geknechteten Spezies.

Als eine noch etwas mutigere Form des Widerspruchs ist das Bowling anzusehen, weil dabei noch der Mittelfinger in ein speziell dafür vorgesehenes Loch einer erheblich wuchtigeren Kugel als beim Kegeln gesteckt wird. Vereinsnamen wie "Phall um" / "Räum' ab" oder gar "The killing balls" bedürfen daher wohl keines weiteren Kommentars.

Zeitgleich mit dem hefekuchenartigen Aufquellen in der pränatalen Phase setzt bei fast allen Frauen eine geschwürartig wuchernde Zersetzung des Sprachzentrums ein.

Selbst bei akademisch vorbelasteten Kandidatinnen reduziert sich der Wortschatz zusehends auf das Niveau eines Kleinkindes.

Jedem Nomen wird ab sofort ein langgezogenes - iiihhhh / -chen oder -lein angehängt und eine wahre Flut von neuen "Wortkreationen" findet Eingang in den ursprünglichen Sprachgebrauch: "Bullebullebulle, wo is' denn unser Schnurzelchen... ohhhh hattu AAchen im Windelinchen, killekillekille, wo is' denn der Schnulli-Pulli, mach ma' kuckukucki, feinfeinfein Bäuerchen macht", etc.

Angesichts dieser Verbalattacken ist es verwunderlich, dass unser Nachwuchs sprachlich nicht vollkommen retardiert ist; aber zum Glück gibt es ja noch uns Männer, die ab und zu auch einmal anspruchsvolle Gespräche mit den eigenen Zöglingen führen dürfen.

Fortan ist der Nachwuchs Dreh-, und Angelpunkt im Leben der modernen Frau.

Die ersten zwei Lebensjahre verbringen unsere Kleinen dann in hochgerüsteten Kinderwagen / Buggys, welche bei schönem Wetter unentwegt durch die örtlichen Fußgängerzonen und Parks geschoben werden, immer auf der Suche nach anderen Muttertieren mit denen man dann einen netten Plausch halten kann.

Merke: Trächtige Frauen, bzw. solche, die ebenfalls abgenabelt haben, sind keine potentiellen Konkurrentinnen mehr, da sie ihre "Schäfchen" ja bereits im Trockenen haben.

Während der Sommermonate sind diese zweibeinigen und vierrädrigen Gespanne dann vornehmlich in Badeanstalten und den lokalen Eiscafés anzutreffen, um ohne einen Hauch von schlechtem Gewissen dem hart erarbeiteten "Dolce Vita" zu frönen. Prost Mahlzeit.

Die Frauen, denen es nicht vergönnt ist, ein finanzkräftiges männliches Pendant aufzureißen und dadurch in eine unbeschwerte Zukunft blicken zu können, sind allerdings in keinster Weise weniger männerfeindlich.

Aus reiner Boshaftigkeit und zu allem Überfluss auch noch extrem widernatürlich, drängt dieser Zweig der Vaginal-Anthroposophen seit Jahren in die sogenannten Männerberufe, um diese letzten Bastionen der Männerherrlichkeit zu infiltrieren und letztlich zu eliminieren. Hufschmied, Kumpel, Soldat, Polizist, Straßenbauer, Bierkutscher; - alles ist möglich, und diejenigen, die ob dieser Entwicklung vorsichtige Einwände erheben, werden gnadenlos als reaktionäre Machos geoutet und niedergeknüppelt.

Angesicht der Entwicklungen im Sport hat sich unser Turnvater Jahn mittlerweile wahrscheinlich schon öfter im Grab gedreht, als die Erde um die Sonne seit Anbeginn der Zeitrechnung.

Beim Anblick von boxenden Frauen, die sich hysterisch und vor grölendem Amazonen-Publikum unentwegt auf die Tröten schlagen, wird selbst der stärkste Mann schwach.

Ebenfalls sehr ästhetisch ist das Frauengewichtheben und vor allem natürlich auch das Hardcore-Bodybuilding. Diese brustamputierten Hormonbomber zeichnen sich unter anderem durch eine drahtbürstenartige Gesichtsbehaarung und eine Stimmlage aus, die einem Vergleich mit Paolo Conte und Lee Marvin ohne weiteres standhält.

In diesen Kreisen spricht Frau auch nicht mehr von Monats-, sondern, wenn überhaupt, nur noch von Jahresblutungen. Klitoris Maximus.

Ein latenter Brechreiz hindert den Autor, an dieser Stelle noch näher auf diese besondere und sehr gewöhnungsbedürftige Erscheinungsform der Ovarium-Trägerinnen einzugehen.

Im Vergleich zu den durchweg sehr einfach und ehrlich strukturierten Männern sind Frauen ohne weiteres in der Lage, sich innerhalb kürzester Zeit vom männermordenden Vamp in ein hilfloses Mauerblümchen zu verwandeln, je nach Bedarf und gewünschtem Ergebnis.

Wer kennt sie nicht, die hohe Schauspielkunst sich streitender Frauen? Wer hat sich noch nicht durch das oscarreife Mimenspiel der Lebensabschnittsgefährtin beeindrucken lassen?

Problemlos mutieren diese Schlitzurinatorinnen innerhalb von Sekunden von Femme Fatale in ein bemitleidenswertes Häufchen Elend: „Hab' ich dir weh getan, Schatz?"

Das sind schauspielerische Höchstleistungen, die ihresgleichen suchen und immer nur ein Ziel verfolgen; - nämlich die gezielte Manipulation der Männerwelt.

In monatelanger Vorarbeit werden die potentiellen Schwachstellen der armseligen Partner ausgelotet, um im Ernstfall die emotionalen Vernichtungstreffer genau dort zu landen, wo es uns Männer schmerzt. „Du kannst mir vertrauen, Schatz!"

Geradezu menschenfeindlich werden die männlichen Vertrauensbeweise besonders nach einer von Frau nicht gewollten Trennung eingesetzt.

Offene Kriegserklärung unter rücksichtslosem Einsatz aller Mittel.

Pershing statt Petting, Finaler Fellatio,
Krieg statt Coitus.

Dass sich die Frauen auch heute noch gerne als das "schwache Geschlecht" titulieren, ist angesichts der vom Autor auf den Punkt gebrachten Fakten, wohl nur noch als extremer Sarkasmus anzusehen und stellt sich in Anbetracht der empirisch belegbaren, erheblich kürzeren Lebenserwartung selbst ad absurdum.

KAPITEL 2

DER MANN DER NEUZEIT!

Im Gegensatz zu der im Laufe der Jahrtausende doch erkennbaren Weiterentwicklung des weiblichen Gehirns muss man bei den männlichen Vertretern unserer Rasse wohl eher von Stagnation sprechen.

Die seit Urzeiten romantisch verklärte Definition des Mannes als "mutiger Jäger" ist erst kürzlich wissenschaftlich widerlegt worden und die neu erworbenen Kenntnisse lassen sich erschreckend einfach in die Jetztzeit projizieren.
Amerikanische Wissenschaftler haben nämlich herausgefunden, dass es sich bei unseren Urvätern nicht um heroische Jäger, sondern schlicht und ergreifend um eher feige Aasfresser gehandelt hat.

Um sich bei den bei der "Jagd" nie anwesenden Frauen wichtig zu machen, wurden nach Rückkehr die haarsträubendsten Heldengeschichten erfunden. Sehr gerne wurden diese imaginären Jagdszenen auch unter Zuhilfenahme von Kohlestäbchen auf den heimischen Höhlenwänden verewigt und diese Zeichnungen hielten den Mythos des tapferen Jägerleins bis heute aufrecht.
Übrigens, wie wir alle wissen, sind Männer mit Kohle nach wie vor sehr gefragt und einflussreich.

Generell haben die mit nach außen gestülpten Geschlechtsmerkmalen versehenen Menschen eine ganze Reihe von urzeitlichen Verhaltensmustern bis in die heutige Zeit hinein gerettet.

So ist es nach wie vor Brauch, sich die Gunst des weiblichen Geschlechts mittels - heute natürlich nicht mehr selbst erlegter - Rauchwaren zu erschleichen.

Der für die Evolution überlebenswichtige Grundgedanke dieses Rituals hat in unserer Zeit leider keinerlei Bedeutung mehr. Im Gegenteil, jedes noch so verkümmerte, vegetative Würstchen ist heute in der Lage, der auserkorenen Schönheit jeden gewünschten Pelz feilzubieten, vorausgesetzt die notwendigen Geldmittel sind vorhanden.

Diese Art der "Vortäuschung falscher Tatsachen" ist besonders bei den in die Jahre gekommenen Männern sehr beliebt.

Stolz wie Nachbars Lumpi präsentieren diese greisen Pillemänner überall und jedem die der Pubertät gerade entwachsenen Geliebte.

Praktisch: das Gehör des Faltenpaketes ist oft ebenso geschwächt wie das verrunzelte Gemächt, und die Boshaftigkeiten von Oberkellner und Personal lösen nur noch ein leichtes Summen im Gehörgang aus: „Möchte Ihre Enkeltochter noch eine warme Milch", oder gar „Ich glaube Ihre Enkelin hat gestern Ihre Schultüte im Foyer liegen lassen".

Nun gut, dank Viagra und unter Zuhilfenahme von etwas Schnellzement kann vielleicht ab und an noch so etwas wie ein Koitus vollzogen werden wobei ein "Interruptus" natürlich nicht mehr notwendig ist.

Der Graue Panther kann sich beim Liebesspiel sozusagen "voll hineinhängen".

Kommen wir zu einem weiteren geschlechtsspezifischem Merkmal, das seinen Ursprung ebenfalls im Zeitalter der Neandertaler hat und seither nicht mehr aus der Welt der Links- oder Rechtsträger wegzudenken ist:

DAS RAD!

Ob urzeitliches Einrad, Zweirad oder modernes Dreirad, Zahnrad, Motorrad oder gar Konrad, des Mannes liebster Freund ist seit Jahrtausenden im wahrsten Sinne des Wortes Dreh- und Angelpunktes männlichen Daseins.

Nicht zuletzt Sir Henry Ford, gab mit seinem T-Modell den Startschuss zu einer Entwicklung, deren Auswüchse man besonders an den Wochenenden überall in unserem Land beobachten kann.

Besonders in den Ballungsräumen, strömen sie jeden Samstagmorgen zu Tausenden auf die Straßen, um ungeniert und in aller Öffentlichkeit, einem der letzten heiligen Riten unserer Tage frönen zu können.

Mit Putzeimerchen, der geschmeidigen Haut eines toten Tieres sowie einem sündhaft teuren Naturschwamm bewaffnet, begeben sie sich an ihr Werk.

Ähnlich den Naturvölkern erfordert dieses heilige Ritual natürlich auch eine ganz besondere Art des Köperschmuckes.

Je nach Region und stark abhängig von den Vereinsfarben der Lieblingsfußballmannschaft differiert dieser zwar leicht, aber die Grundausstattung ist überall nahezu identisch.

Je nach Wetterlage zeigt sich der emsige Hobbywichser, entweder in Sandaletten auf weißen Tennissocken bei Sonnenschein, oder Vollgummistiefelchen mit dazu passender ausgeleierter Jogging-Hose (Laufhose) - gerne kombiniert mit einem bevorzugt in Weiß gehaltenen, feingerippten Unterhemd - bei Regen.

Die Größe des erwähnten Leibchens ist stark beeinflusst von den Ausmaßen des im Laufe der Jahre angesoffenen Bierbauches.

Bei nasskalten Temperaturen werden die Astralkörper in vollimprägnierte und hochmodische Trainingsanzüge gehüllt.

Was nun folgt ist eine Reihe streng festgelegter Abfolgen der verschiedensten Tätigkeiten rund um das Automobil, welches während des gesamten Zeremoniells kultischer Mittelpunkt allen Handelns ist.

Nachdem die groben Schmutzpartikel mit einem wohl dosierten Wasserstrahl entfernt wurden, wird das gesamte Vehikel zärtlich eingeseift, gerne auch mit musikalischer Untermalung aus dem diebstahlsicheren, multifunktionalen Stereo-Autoradio.

Hernach wird akribisch geledert was das Zeug hält.

Nachdem auch die Aluminiumsportfelgen mittels Fön trockengelegt sind, wird pünktlich um 12.00 Uhr Mittag gegessen.

Nach einem kurzen Nickerchen im Alcantara-Ohrensessel begibt man sich frisch gestärkt und mittlerweile auch schon mit 4 Flaschen Bier intus an das Nachmittagswerk.

Nicht weniger als vier Stunden lang darf sich das Objekt der Begierde nun über eine fast schon erotische Massage mit verschiedenen Cremes und flauschigen Wattebäuschchen freuen.
Beim Anblick dieser hingebungsvollen Liebkosungen ist schon manche Ehefrau vor Neid erblasst. Ein gutes Timing vorausgesetzt endet das Pseudoschäferstündchen pünktlich zu Beginn der Sportschau um 18.00 Uhr.

Mit leicht verklärtem Gesicht sitzt unser Held dann den Rest des Abends nebst weiteren Flaschen Bier kaputt, aber zufrieden vor der Glotze.
Spätestens nach dem Torwandschießen entschlummert unser müder Krieger friedlich auf seinem Fernsehsessel und umgeht auf diese Weise eventuellen Annäherungsversuchen der Ehefrau.
Merke: Der Mann ist zwar schwanzgesteuert; das gilt aber nicht für die langjährige Ehepartnerin.

Sonntag ist ein schöner Tag, denn Sonntags wird der Frühschoppen zelebriert.
Ab zehn Uhr morgens trudelt man in die entsprechenden Stammkneipen ein, um einer weiteren männlichen Charaktereigenschaft hemmungslos zu frönen:

Imponiergehabe im Kreis von Gleichgesinnten unter Zugabe von literweise, vergorenem und/oder destilliertem Alkohol.

Über politische Themen und Fußball kommt man spätestens nach dem fünften Pilsken zum Lieblingsthema: dem Ablassen der deftigsten Zoten und phallüsternen Geschichten rund um die Fickerei.
Es wäre müßig ins Detail zu gehen, aber die Tendenz der Gespräche ist doch eher als frauenfeindlich zu bezeichnen. Warum auch nicht?!

So sitzen diese Bockwürstchen dann Stund' um Stund' am Tresen und erzählen sich gegenseitig zum x-ten Male von ihrem ersten Puffbesuch und wie lange es gedauert hat, bis der Tripper ausgeheilt war, den man sich bei der Kegeltour in Cala Ratata geholt hatte.
All diese alten Geschichten rufen immer wieder aufs Neue Begeisterungsstürme bei allen Anwesenden hervor und werden mit den sich ebenfalls ständig wiederholenden, identischen Kommentaren bedacht.

Mit fortschreitendem Alkoholgenuss lösen sich die einzelnen Anekdoten zugunsten eines undefinierbaren Stimmengewirrs auf.
In leichte Melancholie gefallen bilden sich nunmehr verstärkt einzelne Zweiergruppen, die sich im Arm halten, sich gegenseitig zubrabbeln und im Gleichtakt Pils und Korn in sich hineinschütten.

Oh, du herrliche Männerfreundschaft. Das, genau das, sind die Situationen, in denen echte Männerfreundschaften geschmiedet werden.

Nur das furchtbare Klingeln des Kneipentelefons vermag es das harmonische Männerkollektiv unsanft wieder in die Realität zurückzuholen. Wer noch in der Lage ist sich verbal mitzuteilen, ruft, noch bevor der Hörer die Gabel verlassen hat wie elektrisiert in den Raum: "Ich komm gleich!", " Den einen noch!" oder aber auch gerne: "Ich bin nicht da!".

Je nach Emanzipationsgrad und Konstitution der Ehefrau machen sich unsere stark alkoholisierten Freunde kurze oder längere Zeit später auf den Heimweg.
Diese allwöchentliche Wanderbewegung bildet, nebenbei bemerkt, die Lebensgrundlage für die Zunft der deutschen Taxifahrer.

Im Gegensatz zu den eben beschriebenen Verhaltensmustern auf Lokalebene ändert sich das Trinkverhalten in auswärtigen Kneipen und/oder zu Zeiten des rheinischen Karnevals komplett.
Hier ist das primäre Ziel nicht ausschließlich ein gemeinschaftliches Delirium Tremens.

Zusätzlich ist hierbei im Vorfeld ein sehr ausgeprägtes Brunftverhalten zu beobachten.
Durch den Alkohol enthemmte, vor Selbstüberschätzung strotzende Schlauchpisser, deren körperliche Konstitution am zutreffendsten mit der von Kastanienpüpp-

chen (dick aufgeblähter Korpus mit zahnstocherähnlichen Gliedmaßen) zu vergleichen ist, baggern was das Zeug hält.

Von den vielfältigen, mehr oder eher weniger originellen Anmach-Strategien wollen wir nachfolgend nur einige näher erklären:

DER SCHÜCHTERNE SCHÖNLING...

... steht oft stundenlang fast wortlos an der Theke. Er bestellt ein Bier nach dem anderen, damit wenigstens die hübsche Bedienung auf ihn aufmerksam wird. Doch lange bevor diese Feierabend hat, muss der einsame Schönling der Wirkung der Gerstensaftes Tribut zollen und mit entgleisten Gesichtszügen, irgendwie den Weg nach Hause in Angriff nehmen.

DER MINIMALIST...

...spricht gezielt die Frauen an, die einigermaßen seinen Vorstellungen entsprechen. Nach eher kurzem Small-Talk und maximal einem ausgegebenen Getränk kommt er dann ohne große Umschweife direkt zur Sache: "Wir sollten langsam klären, ob wir bei dir oder bei mir ficken?"

DER SCHLEIMSCHEIßER...

...erfindet zur Eröffnung wehmütige Stories von seinen wüsten Exfreundinnen, die ihn eigentlich immer nur ausgenutzt und zur reinen Sexmaschine degradiert haben. Nachdem dann die Geschichten der Kneipenbekanntschaft wohlwollend kommentiert wurden - "Du

glaubst ja gar nicht wie gut ich dich verstehe" oder
"Endlich einmal jemand, der mir zuhört"- bringt es
kaum eine Frau fertig, den melancholisch-depressiven
armen Menschen allein in die kalte Nacht zu entlassen.

„Ich schlaf' natürlich auf dem Sofa", ist üblicherweise
der letzte Satz, den die auf diese Art gefügig gemachte
Frau hört, ehe sie nach allen Regeln der Kunst vernascht wird.

DER CASANOVA...

...verfügt dank eines unerschöpflichen Repertoires an
Komplimenten, über eine der erfolgversprechenden
Strategien. Es gibt so gut wie keine Frau, die sich nicht
gerne 500 mal am Abend anhören möchte, wie schön,
wie anmutig, wie schlank etc., sie ist.

Nach nur zwei Stunden ist sie dem Komplimentema-
cher geradezu moralisch verpflichtet, ihm zwecks ge-
meinsamen Genusses einer Tasse original italienischen
Espressos in sein Apartment zu folgen und die unwür-
digen Räume mit dem Glanze ihrer Schönheit erstrahlen
zu lassen. *Zack, Bumm.*

DAS SCHWEIN...

....hält sich aufgrund des meist eher unappetitlichen äußeren Erscheinungsbildes, bis früh in die Morgenstun-
den im Hintergrund.

Dann, kurz vor der Sperrstunde, spricht es gezielt die
Frauen an, die offensichtlich nicht in Männerbegleitung,
dafür aber um so besoffener sind.

Hektik verbreitend lässt es durchklingen, dass es weiß, wo man noch den ein oder anderen "Absacker" trinken könnte. Beim Gang zur Garderobe werden lästige, noch nüchterne und/oder besorgte Freundinnen kurzerhand abgehängt und schwupp, steht einem One-Night-Stand mit einer nahezu willenlosen Frau nichts mehr im Wege. Weidmanns Heil!

DER PRAGMATIKER...

...verkörpert eine einfache, aber effektive Ausprägung des männlichen Brunftverhaltens.

Diesem Exemplar fehlen Zeit und Muße für die oft langwierige und kostspielige Anmache in Kneipen und Discotheken.

Deshalb zieht es ihn geradewegs in die Freudenhäuser der Region. Dort kann er sich zu einem festgesetzten Preis die Frau aussuchen, die er möchte, und mit dieser so ziemlich alles machen, was er will- ohne das Risiko von Zeit- und Geldverlust bei den üblichen Eskapaden. Trefferquote hierbei: 100%.

DER SCHÜCHTERN-VERKLEMMTE PRAGMATIKER...

...bestellt sich bei einem der boomenden Sexversandhäuser eine oder mehrere Gummipuppen, um diese nach einem romantischen Candlelight-Dinner zu vernaschen.

Die Anzahl der möglichen Sexpraktiken ist hierbei, polyesterbedingt, leider relativ gering und erfordert zusätzlich einen geübten Umgang mit dem Objekt!

Utensilien wie Handschellen, Intimschmuck und auch die berühmte Zigarette danach, können bei dieser Form des Liebesspieles nur sehr bedingt eingesetzt werden.

DER BODENSTÄNDIGE WICHSER...

...schließt sich im Badezimmer ein und wichst hygienisch einwandfrei ins Ideal-Standard-Waschbecken.

Aber der Mann definiert sich natürlich nicht ausschließlich über sein Brunftverhalten.
Ein weiterer, als typisch männlich einzustufender Charakterzug ist die stark überzogene Selbstüberschätzung der x/y-ungelösten Chromosomenträger.

Wer kennt sie nicht, die immer und überall über ihre berufliche "Unabkömmlichkeit", schwadronierenden Lügenbarone der Neuzeit.
Jeder poplige Sachbearbeiter hat laut eigener Aussage "30 Leute unter sich" (logisch, wenn man im ersten Stock direkt <u>über</u> einen Großraumbüro arbeitet). "Ich bin beim Fernsehen", kann natürlich der allerletzte Kabelträger, mit Fug und Recht von sich behaupten.

Wirtschaftsspezialisten sind, nüchtern betrachtet, fast alle aus der Sackhüpfer-Gilde. Dementsprechend demontierend wirkt sich auch eine plötzliche Arbeitslosigkeit auf die sich auf einmal nutzlos fühlenden Männer aus. Womit wir bei einem weiteren, typisch männlichen Verhaltensmuster angelangt sind:

DIE EXTREME WEHLEIDIGKEIT DER MÄNNER!

Gott bewahre uns vor diesen mental und physisch angeschlagenen Mitgliedern der menschlichen Rasse.

Jeder Arzttermin wird zum Todesurteil und demzufolge stets auf die lange Bank geschoben, um die wenigen verbleibenden Tage noch genüsslich in Selbstmitleid zerfließen zu können.

Dramen ungeahnten Ausmaßes spielen sich ab, nachdem die eigene Frau mit einem anderen, vermeintlich potenteren Mann durchbrennt. Eine Kastration mittels zweier Ziegelsteine ist nichts dagegen - die Magengeschwüre des Gehörnten und in seiner Männlichkeit gekränkten Joystick-Besitzers platzen gleich dutzendweise und die bitterbösen Sprüche der Bierbrüder wirken wie messerscharfe Rasierklingen, die langsam aber stetig die Samenstränge durchtrennen.

Innerhalb kürzester Zeit mutieren die einst stolzesten Krieger zu einer impotenten Anhäufung infertiler, menschlicher Zellen und der soziale Abstieg lässt nicht lange auf sich warten.

Mit dem Eintausch des Mobilfunktelefons gegen einen Liter mit Terpentin gestrecktem französischen Landwein ist die endgültige Ausgrenzung aus der Gesellschaft besiegelt und von nun an ist die einzige Bestrebung die, den Blutalkoholspiegel konstant über drei Promille zu halten.

Kommen wir aber nun endlich zu dem dominierenden Thema, das wie kein anderes seit Jahrhunderten im wahrsten Sinne des Wortes untrennbar mit der Definition der Begriffe "Mann und Männlichkeit" verbunden ist:

DER PENIS

... und im Besonderen dessen Länge und Umfang.

Nicht wenige Historiker sehen in dem paranoiden Männlichkeitswahn, der sich seit Urzeiten ausschließlich über die Größe des Fortpflanzungswerkzeuges definiert, unter anderem die Ursache für die jahrhundertlange Unterjochung der negriden Völker, sprich den kausalen Zusammenhang zwischen der länglichen Ausdehnung des Schniepels und der Sklaverei.

Dass die Länge des besten Stückes in der Tat auch heutzutage noch gewisse Vorteile beim Buhlen und Brunften um paarungswillige Weibchen verschafft, zeigen empirische Untersuchungen über die bevorzugten Reiseziele alleinstehender Männchen und Weibchen.

Während Damen mitteleuropäischer Herkunft grundsätzlich Reiseziele wie Jamaika, Elfenbeinküste, Kenia und andere schwarzafrikanische Staaten, als "kulturell wertvoll" bezeichnen, beschränkt sich der männliche Durchschnittseuropäer (15cm) ausschließlich auf Reiseziele im südostasiatischen Raum.
Wie wir ja alle wissen, sind asiatische Männer eher von kleinerer Gestalt und gerüchteweise ist demzufolge...!

Na ja, als Trost sei angemerkt, dass der Kelch der Sklaverei aus oben genannten Gründen an diesen Völkern vorbeigegangen ist. Im Laufe der Jahrhunderte hat diese zentimeterbedingte Neurose unserer Ahnen immer wieder zu seltsamen Ablenkungs- und Täuschungsmanövern geführt.

Modische Accessoires wie Schlips, Zylinder und Zepter, architektonische Vorlieben für Türme, Kamine und Pfahlbauten und insbesondere die nur in unseren Breiten vorkommende Vielzahl von Würsten aller Art sollen doch schlussendlich nur von der eigenen körperlichen Unzulänglichkeit ablenken.

Un-zu-länglichkeit, allein dieser Begriff spricht ja wohl für sich und bedarf keines weiteren Kommentars.

Die Symbolik des Phallus und dessen Überschätzung hat sich still und heimlich in unseren Wortschatz geschlichen und impliziert immer und überall die Macht, die dem eigentlich erbärmlichen Wurmfortsatz seitens der Männerwelt beigemessen wird.
Phater, Elephant, Rüsselsheim, Hans Phallada, Hoffmann von Phallerleben, Phantastisch, Phachmann, Pharerlaubnis, Phahnenstange, all diese *herr*-lichen Begriffe!

Wer von den geschlechtsreifen Damen schon einmal den Tatsachen ins Auge gesehen hat, wird zukünftig davon Abstand nehmen, das durchschnittliche, männliche, mitteleuropäische Glied als Extrem-ität zu bezeichnen!

Der Begriff "introvertiert" (lat.: "in sich zurückgezogen") trifft den Nagel wohl eher auf den Kopf.

Die Behauptung, dass Männer grundsätzlich mit dem Schwanz denken, kann ohne weiteres dadurch gestützt werden, dass in der eher kleinen Eichel nur sehr wenig Platz für ein Gehirn ist und erklärt auf einfache Art und Weise, auch die Funktion des Loches, welches offensichtlich für die Sauerstoffzufuhr verantwortlich sein muss.

KAPITEL 3

THE MODERN WAY OF LIFE!

Der Mensch der Neuzeit ist im Gegensatz zu allen Geschöpfen, die im Laufe der Jahrtausende mehr oder weniger das Erscheinungsbild und Verhalten der aktuellen Spezies geprägt haben, das einzige Lebewesen, welches nüchtern betrachtet, eigentlich überhaupt nicht mehr als "Lebewesen" bezeichnet werden kann.

Der Mensch der Neuzeit - ein Quantensprungergebnis zurück zum Urschleim, oder in neudeutsch: *Back to the rotz!*
Körperlich und geistig sowie ethologisch vollkommen retardierte Zellhaufen besiedeln diesen graublauen Smogplaneten, der in Kürze in ein riesiges Ozonloch plumpst und damit endgültig von der intergalaktischen Sternenkarte verschwindet. Kirk an Brücke: *"Over, Ende und aus!"*.

Hut ab vor dieser Leistung, der innerhalb eines Zeitraumes, der im Vergleich zur Erdgeschichte etwa dasselbe Volumen einnimmt wie der Furz einer Obstfliege im Kölner Dom, all das kaputt zu machen, wofür einige unserer Vorfahren Jahrtausende lang auf irgendwelchen Bäumen abgehangen haben.

Jeder noch so kleine Fisch zappelt heutzutage freiwillig in weltumspannenden Inter-Netzen und obwohl allen natürlich kurz über lang die Luft ausgeht, fühlt sich jeder dabei ungemein hipp.

Der neudeutsche Begriff für "Umschalten mittels Fernbedienung", ist von den weltweit herrschenden Medienmogulen mit Bedacht gewählt.
"Zappe(l)n" bringt die Geringschätzung für die Horde der idiotischen Fernsehzuschauer seitens der Big-Bosse sehr gut zum Ausdruck.

Der Mensch definiert sich selbst nur noch durch seine Aufgabe als Konsument. Oberste Bürgerpflicht ist der Konsum, beginnend schon im Zustand der Desoxiribonucleinsäure, bis hin zum Endprodukt, dem Staub.

In der Tat gibt es mittlerweile keinen einzigen Lebensbereich, der nicht dem totalen Kommerz zum Opfer gefallen ist. So kann man sich zum Beispiel mit der notwendigen Kohle nach dem Baukastensystem alle gewünschten körperlichen Attribute des Nachwuchses neuerdings selber zusammenstellen.
So werden die Reichen in absehbarer Zeit nicht nur immer reicher, sondern auch noch schöner. Die *"Schöne neue Welt"* lässt grüßen.

Schon in der Bibel heißt es *"Asche zu Asche".* Diese Aussage haben sich die skrupellosen Ausbeuter als Leitsatz gewählt. Die christliche Nächstenliebe sowie ethische

Grundsätze bleiben hierbei natürlich gänzlich auf der Strecke.

Am Ende eines konsumreichen Lebens wird dann noch einmal richtig Asche gemacht- und zwar im wahrsten Sinne des Wortes. Die gerade im Mittelalter sehr beliebten Verbrennungen waren wenigstens noch umsonst, wohingegen heutzutage durchschnittlich zwei Monatslöhne für einen einfachen Krematorium-Durchlauf berappt werden müssen.
Und dies, obwohl die Publikumswirksamkeit einer anständigen Verbrennung im Gegensatz zu früher deutlich gesunken ist!

Eines muss man den großen Abzockern der Neuzeit aber lassen: Die eigentlich steinalte Weisheit, dass man mittels "Brot und Spielen" das gemeine Volk problemlos lenken kann, haben sie, unter Ausnutzung der multimedialen Möglichkeiten, auf das Feinste perfektioniert. Die komplette Gehirnwäsche des Mobs kann man als erfolgreich abgeschlossen bezeichnen. Wie sonst könnte man sich erklären, dass der geistige Dünnschiss, der tagtäglich in unsere Wohnstuben projiziert wird, willenlos von einem Millionenpublikum freiwillig aufgesogen wird.

Womit wir beim Lebenselixier unserer ach so fortschrittlichen Welt angelangt sind:

DEM FERNSEHEN!

Nach einem waghalsigen Selbstversuch, der den Flug der Apollo 13 locker in den Schatten stellt, muss der Autor an dieser Stelle stark an sich halten, um nicht im Folgenden die Kontenance zu verlieren und einen Rückfall zu erleiden.

Nachdem er sich todesmutig an einen Stuhl hat fesseln lassen und sieben Tage lang das hochanspruchsvolle Programm der unterschiedlichsten(?) Fernsehanstalten über sich hat ergehen lassen, benötigten die in weiser Voraussicht schon vorher instruierten Ärzte zum Glück nur drei Wochen für die Reanimation aus dem komatösen Zustand, in den der Proband nach Beendigung der Aktion gefallen war.

Die hirnlose Gülle, die dem mehrheitlich offensichtlich total verblödeten Fernsehpublikum jeden Tag aufs neue, in die Wohnstuben gerotzt wird, spottet jeder Beschreibung (Der Autor startet hier trotzdem den schier aussichtslos erscheinenden Versuch, mit sachlichen Argumenten das Fernsehprogramm zu beschreiben - Anm. d. Red.).

Früh- bzw. Kinderprogramm:
Pädagogisch wertvolle Anhäufung, vornehmlich von Zeichentrickfilmen mit freundlichen grünen Männchen, zum Beispiel dem Hulk, Puhhh, dem stinkenden Bären, von der Seltsamstraße oder von der Sendung vor dem

Aus, von Grisu dem Pyromanen oder von Pinoccio und der Lügendetektor.

Zum Glück sind die Kids relativ unabhängig vom Kinderprogramm, dank der Horror- und Pornovideosammlung des Vaters, welche die Mutter nach erfolgter Scheidung nicht herausgerückt hat.

Zur Not wird der Vormittag auch mit intelligenten Computerspielen, wie etwa Tee-Driss und Super-Hüpf oder Stirb Mario, totgeschlagen.

In Anbetracht solcher Vorgänge in 90% der Kinderzimmer, muss man schon staunen, dass manche Kinder noch in der Lage sind, halbwegs zusammenhängende Sätze herauszubringen, wie etwa: "Du kannst mich mal am Arsch lecken!", oder "Fick' dich doch ins Knie!".

Nachmittag- bzw. Talk-Show-Programm:

Man stelle sich ein Studio vor, in dem zwischen sechs und zehn Stühle stehen.

Auf diesen ist eine entsprechenden Anzahl "Personen" zwecks gemeinsamer Unterhaltung positioniert.

Garniert und geleitet wird das Geschehen von einem oder einer Talkmaster/in, welche/r in lockerer Abfolge stehend, kniend, liegend oder ebenfalls sitzend, das jeweilige Thema, meist unter Zuhilfenahme von geheimnisvollen Karten abliest.

Vor einem Millionenpublikum können sich dann die Personen - Talkgäste genannt - outen, profilieren oder einfach nur verarschen lassen.

Unter dem Motto "Hauptsache einmal im Fernsehen" werden dann jeden Nachmittag interessante Themen behandelt: "Acht Jahre alt und noch Jungfrau - ist mein Vater schwul?", "Meine Frau schlägt mich und hat ein Verhältnis mit unserem Schäferhund" oder gar "Mein Kind macht mich fertig - ist eine Abtreibung auch noch kurz vor der Einschulung moralisch vertretbar?".

Hohe Einschaltquoten garantieren besonders Gäste mit schwer krimineller Vergangenheit, welche die nachmittäglichen Talkshows dazu nutzen dürfen ihre Biographien zu vermarkten oder/und um öffentlich Sponsoren für die Verfilmung ihrer Schandtaten zu suchen.

Auf diese Art und Weise können sich Kinderschänder (gerne hinter einem Paravon nur als Schatten erkennbar), Vergewaltiger (mit Perücke und Sonnenbrille Marke "Puck die Stubenfliege"), Mörder, Erpresser und sonstiger gesellschaftlicher Abfall einem Millionenpublikum präsentieren, während den eigentlichen Opfern nichts anderes übrig bleibt als im wahrsten Sinne des Wortes "in die Röhre zu gucken".

Endlos-Serien-Schleifen-IQ-neutrale Seifenopern:

Man nehme zwei Hände voll, aufgemotzter meist gut aussehender, jungdynamischer Menschen, verfrachte sie in ein vakuumdichtes Studio, lasse sie zielgruppenorientierte Texte von einer Tafel ablesen und produziere auf diese Weise täglich bis zu drei Folgen einer total coolen und "very trendy" Fernsehserie, mit so intelligenten Namen wie: "Mehltau Place"(der Untergang einer amerikanischen Farmersfamilie), "Rute zeigen - echte Pleiten" (zwölf Zentimeter und weniger), "Verbogene Liebe" (über die Gefahren der Spiral-Verhütung), "Unter Jungs"(nominiert für sechs vergoldete Muffen), "Mariendoof" (geistig-behinderte Nonnen auf der Klosterschule) oder auch "Eine schrecklich fette Familie" (inzestuöse Familiensaga einer übergewichtigen belgischen Großfamilie).

Steigender Beliebtheit erfreuen sich die pathologisch wertvollen, unzähligen Arztserien.
Begleiten Sie den Landarzt im Kampf gegen die Inzucht in der Provinz, begutachten sie zusammen mit Frauenarzt Doktor Merthin Vaginalmykosen in Großaufnahme, bumsen sie sich zusammen mit George C. durch die Belegschaft des Emergency-Room, oder wundern sie sich einfach nur, dass Dr. med. Markus Welby offensichtlich immer noch praktizieren darf.

Wem das alles nicht reicht, darf sich zusammen mit Tausenden von Päderasten während der "Mini-Playback-Show" einen runterholen und ungezwungen auf die Mattscheibe wichsen.
Ein bisschen Spaß muss sein.....lalalalaa, la, lalll lala!

Vor, zwischen und nach jeder Sendung wird der moderne Fernsehzuschauer, neudeutsch übrigens "TED" (Total Entmündigte Doofköppe), mit unzähligen Werbeblöcken bedacht, welche freundlich, aber bestimmt

daran erinnern, was innerhalb der gesetzlichen Laden-
öffnungszeiten erworben werden kann.

Die Abgrenzung zwischen Werbe- und Spielfilmsequen-
zen ist für das ungeübte Auge kaum noch wahrnehmbar, die Werbewirksamkeit aber, nach wie vor ungebrochen.

Traumhafte, immer braungebrannte Astralkörper prei-
sen eine Vielzahl von "überlebenswichtigen" Konsum-
gütern an und vertuschen geschickt den oft schon
schwachsinnigen Widerspruch zwischen Verpackung
und Inhalt.
Tabakkonzerne und Großbrauereien vermarkten sich
über das großzügige Sponsoring von diversen Sport-,
Freizeit- und Fitnessveranstaltungen.

Tatsächlich aber werden Jahr für Jahr Tausende dieser
durch die Werbung zum Rauchen und Trinken verleite-
ten, bierbäuchigen Kettenraucher bei der geringsten
körperlichen Anstrengung durch einen saftigen Schlaganfall dahingerafft.
Exotische Schönheiten mit strahlendweißen Zähnen
tummeln sich an traumhaften Stränden, um entweder
kiloweise Kokosriegel zu verdrücken oder/und literweise karibischen Rum in sich hineinzuschütten - und das
wohlgemerkt bei 32 Grad im Schatten.

Wer allerdings schon einmal eine sturzbetrunkene und
dank jahrelangem, übermäßigem Süssigkeitengenusses
übergewichtige, mit kariösen Zahnstummeln freundlich

und vollkommen stoned grinsende Ballermann-6-Braut gesehen hat, den sollte die Diskrepanz zwischen Werbung und wirklichem Leben doch wohl eher nachdenklich stimmen.

Das Schöne jedoch ist, dass die Fernsehmacher es perfekt verstehen, die Vorgaben der Industrie umzusetzen, um das schwachsinnige Volk nach ihrem Gutdünken zu lenken. Der Erste, der übrigens konsequent die Macht der modernen Medien zu nutzen wusste, ist und bleibt "unser" Führer, Adolf Hitler.
Obwohl sein "Volksempfänger" zwar beileibe nicht die Möglichkeiten bot, wie die heutigen, multimedialen Meinungsmacher, war der Erfolg nicht weniger gering.

Würde es in unseren Tagen den Medienmogulen in den Kram passen ab morgen den heiligen Krieg gegen den Westerwald zu proklamieren, würde dieser Landstrich innerhalb weniger Tage von einem indoktrinierten Heer willenloser Lindenstraßenanhänger plattgemacht werden - wetten?

Zur Zeit wird das Volk durch das Fernsehen, in erster Linie nur zu einem wesentlich harmloseren Verhalten verleitet: Nämlich zu uneingeschränktem und gänzlich unreflekt-iertem Konsum. *Bleiben Sie dran - ich zähl auf Sie.*

Wie schon erwähnt sind die Übergänge zwischen Information, Unterhaltung und Werbung heutzutage fließend und kaum noch wahrnehmbar.

Vorschlag zur Güte: Durch Vernetzung von einzelnen Werbesendungen könnte man doch problemlos ein ganz neues Spielfilm-Genre kreieren.

Take one:

Der Filter rauchende Melitta Mann serviert Schonkaffee, stolpert unglücklich über das Gebiss von Inge Ämm, die trotz ihres hohen Alters alles andere noch recht gut bei sich behalten kann, und schüttet die brandheiße Koffeinbrühe Al Fred B. in den Schritt.

Der liegt noch immer an der gleichen Stelle vor dem Herd, an der er nach seiner neuesten Kochsendung "Warm und heiß", in der er etwa fünf Flaschen "läckeräm trrrockänem Riesling" verköstigte, zusammengebrochen ist.

Während der pensionierte Persil-Mann und Klementine im Backstagebereich an dem unsachgemäßen Verzehr von Persil-Mega-Pearls elendig ersticken, hauen sich im Hintergrund der General und der gut gebaute Meister Propper gegenseitig auf die Fresse.

Unbekümmert und total vollgekackt läuft die mittlerweile (BSE bedingt) total abgedrehte Milka Kuh ins Bild, gefolgt von dem steinalten "It's-Cool-Mann", der im überzuckerten Zustand versucht, das Rindvieh von hinten zu beglücken.

Unverhofft macht ihm dabei aber Franzi Vanna einen fetten Edding-Strich durch die Rechnung, die die lila Kuh mit ihrem Opel überfährt.

Das alles geschieht, während die mit einer gewagten Kollektion aus diversen Nudelsorten behangene Steffi Geh gleichzeitig auf acht mal vier Deo-Rollern talwärts rauscht, um ihren Vater mit göttlicher Hilfe von Maria Kron aus dem Gefängnis zu befreien.

Die Situation scheint zu eskalieren - doch da bringt Mutter Beimer eine Familienpackung Toffifee ins Spiel, um danach genüsslich und in aller Ruhe an dem Fischstäbchen von Kapitän Iglo saugen zu können.

Der etwas muffige Geschmack des Ejakulates wird gekonnt mit einem doppelten Glas Odol on the rocks runtergespült, bevor sich die engagierte UNICEF Botschafterin mit dem Sarotti-Mohr in ein Separee verdrückt.

Doch bevor die Schwarzwurzel des Mohrs interaktiv werden kann, kommt es zu einer überraschenden Carefree-Slip Einlage:
Verkleidet als Himbeergeist und mit einer lebenden WC-Ente auf dem Arm, erscheint der natürlich wie immer stocknüchterne Harald Jott im Zimmer, schreit lauthals, dass er der Hausmeister sei, und im ganzen Haus die defekten Williams-Birnen austauschen müsste.

Der für seine Improvisationskunst bekannte Schauspieler und passionierte Zigarrenraucher stürzt erst zu Boden und wenig später auf Mutter Beimer, um der vermeintlichen ZDF-Praktikantin eine seiner sündhaft teuren Monte-Christo Zigarren einzuführen, wie es in dem Land seines großen Vorbildes, Franky-Boy, halt so üblich ist.

Der ob dieser Vorfälle völlig entnervte Mohr onaniert vor laufender Kamera auf den von OBI gesponserten PVC-Boden, da er offensichtlich wenig Verständnis für Schlapp-Sticks hat.

Für die musikalische Untermalung des zugegebenermaßen etwas grotesk wirkenden Schauspiels verpflichtet man am besten das kürzlich reanimierte überaus erfolgreiche Gesangsduo "Modern Verkalkt" oder den beliebten Plattenreiter (DJ) Gesäß (Popo).

Lustig wäre es bestimmt auch, den ehemaligen Lebensabschnittsgefährten des dunkelhaarigen Sängers von "Modern Verkalkt" mit in das Drehbuch zu schreiben. Das war nämlich ein sprechender Papagei Namens "Nora". Gerüchteweise hat dieser sich nach der Trennung zu einem beliebten Pornostar in diversen Sodomie-Streifen gemausert!!!

By the way, könnte man auch noch das Sprachtalent Verona Eff einladen, die trotz bitterer Erfahrungen immer noch nicht die Bedeutung des Begriffes "Schlagerstar" begriffen hat.

So nennt man nämlich in Deutschland gewaltbereite, gitarrenklampfende, in die Jahre gekommene, blondgefärbte Faltengesichter, die nur mit Vakuumpumpe einen hoch bekommen.

Diese hat er übrigens von seinem Partner geschenkt bekommen, der, offensichtlich von der Natur stark benachteiligt, mit diesem Ding nichts anfangen konnte. Das war gut, denn sonst wäre Nora ja gleich beim ersten Geschlechtsverkehr geplatzt.
Peng - und all die gesunden Jod-S-11-Körnchen aus dem Kropf des gefederten Freundes wären unseren "Solarium-auf-zwei-Beinen" um die Ohren geflogen.

Ohhh, du schöne neue Welt.

Kritische Anmerkungen zu dieser weltweiten, generalstabsmäßigen Verblödungskampagne der Großindustrie sind seit Ende der sechziger Jahre nicht mehr auszumachen.
Die perfekte Gehirnwäsche (weißer geht es nun wirklich nicht mehr) ist schon längst vollzogen und gleichsam einer riesigen Herde von tumben Lemmingen stürzt sich die Menschheit, gesponsert vom gleichnamigen Duschbad, vom Kliff.

Mit dem kollegialen Suizid der Baader-Meinhoff Bande und der Auflösung der R.A.F. haben sich die letzten großen Gesellschaftsreformer von der Bildfläche verabschiedet.

Nun gut, diese Damen und Herren haben für die Durchsetzung ihrer politischen und gesellschaftlichen Forderungen im wahrsten Sinne des Wortes gehörig über das Ziel hinausgeschossen, aber letztlich haben selbst diese vernagelten Terroristen damals wenigstens begriffen, dass unser Gesellschaftssystem mittelfristig zum Scheitern verurteilt ist.

Die Auswirkungen dieser krankhaften Entwicklung sind schon jetzt, sehr leicht in Deutschland, aber auch weltweit zu beobachten.
Durch die geschickte Manipulation der Medien werden jedoch all' die großen und kleinen Problemchen schöngeredet oder einfach komplett ignoriert.
Getreu dem Motto: *"Nach mir die Sintflut"*, oder *"Scheißegal - Karneval",* lebt es sich viel angenehmer.

Solange das Volk mit Brot und Spielen ruhig gestellt werden kann, brauchen die sich mittlerweile gegenseitig auffressenden, und deshalb immer weniger werdenden Großkonzerne keine Sorgen zu machen.

An dieser Stelle wollen wir jedoch nicht weiter ins politische Polemisieren abdriften, da sonst anzunehmen ist, dass der bis dato geneigte Leser dieses wundersame Werk stilecht in einer blauen Tonne entsorgt.

Bleiben wir also lieber bei der Form der amüsanten Aufbereitung der oben genannten, gesellschaftlichen Krebsgeschwüre.

Bei der Frage nach den Segnungen, mit denen uns der technische Fortschritt in den letzten 200 Jahren bedacht hat, sind neben dem Fernsehen noch eine Reihe weiterer Errungenschaften erwähnenswert.

Deshalb möchte der Autor im Folgenden die Sinnlosigkeit, ja man mag fast schon sagen, den Schwachsinn, einiger als Segen der Menschheit gepriesenen Erfindungen schonungslos entlarven.

Arabisch Eins?!:

DER WECKER

Die gesamte Fauna und Flora dieser Erde, von A wie Amöbe bis Z wie Zweigstellenleiter, braucht seit "Uhrzeiten" längere Regenerationsphasen, um je nach göttlicher Bestimmung gesund wachsen und gedeihen zu können. Is' so!

Trotz intensiver Recherche konnte mit Ausnahme der menschlichen Rasse kein weiteres Lebewesen entdeckt werden, welches sich so vehement diesem Naturgesetz widersetzt, und damit Leib und Leben der Gefahr von irreparablen Schäden aussetzt.

Denn nur der moderne Mensch lässt sich tagtäglich durch eine Vielzahl künstlich erzeugter Quietsch- Klingel- und Pfeiftöne aus der so lebenswichtigen Tiefschlafphase reißen.

Allein der allmorgendliche Blick in den Spiegel sollte Beweis genug dafür sein, dass der Wecker als solches eine ernstzunehmende Bedrohung für uns Menschen darstellt.

Bedingt durch den teilweise noch vorhandenen Selbsterhaltungstrieb reagieren noch heute einige Exemplare äußerst aggressiv und schlagen in wilder Verzweiflung brutal auf die unliebsame Quelle des Weckgeräusches ein.

Für viele bisher nicht bekannt ist das traditionelle Verspeisen eines Weckmannes zu St. Nikolaus im Grunde genommen nicht anderes, als eine unterbewusste Auflehnung gegen die Tyrannei des Weckers.

Symbolisch, aber deswegen nicht minder brutal, werden Tausenden dieser Hefemännchen, genussvoll Arme und Beine ausgerissen und schlussendlich geköpft, nicht ohne ihnen vorher die Rosinen aus den Augenhöhlen gepult zu haben. "Weck mich, ...wenn du noch kannst!"

Auch die altdeutsche Tätigkeit des sog. "Einweckens" findet ihren Ursprung im Hass gegen den Tiefschlafräuber. Stellvertretend werden hierbei diverse Obst- oder Gemüsesorten in Gläser gestopft und durch Sieden in kochendheißem Wasser für immer zum Schweigen gebracht. "Klingelbeutel", "Urne", "Weckrationalisieren", "über die Klingel springen lassen" etc., sind nur einige Wortbeispiele, die sich bis heute im Sprachgebrauch manifestiert haben und den Hass gegen den Wecker deutlich zum Ausdruck bringen.

Arabisch Zwei?!:

DAS AUTOMOBIL

Die Erfindung des Autos ist als ein Paradebeispiel für den modernen Zeitgeist anzusehen.
In erster Linie wurde das Automobil nämlich nicht erfunden, damit wir besonders schnell und bequem von A nach B gelangen können, sondern einzig und allein dazu, dass wir <u>endlich</u> von A nach B fahren!

Und Dank einer ausgeklügelten Werbestrategie hat es die Industrie geschafft, dass mittlerweile jeder noch so kleine Pups unbedingt nach B will, obwohl er, genauso wenig wie viele andere, gar nicht weiß, was er überhaupt in B soll. Der Weg ist das Ziel! Das Auto als Selbstzweck! Ich sage: "Schwachsinn!"

Mit Ausnahme einiger Nomadenstämme ist der Mensch alles andere als ein Zug- oder Wandertier. Begriffe wie "Heimat", "Höhle" oder Redewendungen wie "My home is my castle", definieren sich seit Urzeiten durch die Bodenständigkeit unserer Rasse.
Warum also will heute jeder unbedingt nach B? Zumal wir auf dem Weg dahin sowieso im Stau stehen, hä?
Um von der absoluten Nutzlosigkeit des Autofahrens und von der Tatsache, dass in B nichts los ist abzulenken, lässt sich die Automobilindustrie alljährlich viel einfallen.

Klimaanlagen, automatische Fensterheber, Autos, die blinken und piepen, wenn sie mittels Fernbedienung schon von weitem geöffnet werden, etc.

Wer rastet, der rostet und deshalb will auch ein Auto bewegt werden.
"Is' sons nich gut für'n Motor", also fahren wir doch am besten 'mal eben nach B!
Weitere Daseinsberechtigungen für den liebgewonnenen vierrädrigen Freund sind, dem Handy sei Dank, seine Nutzung als fahrbare Telefonzelle, als überdimensionale Verpackung für Tennisschläger oder Rollerblades (gut sichtbar im Heck positioniert) oder einfach nur als bereits lange bewährter mobiler Unterbau für das Surfbrett! *Einfach frantic!*

Arabisch Drei?!:

DIE TELEKOMMUNIKATION

Dass immer weniger Menschen dazu in der Lage sind, miteinander in althergebrachter Form miteinander zu kommunizieren, liegt an einer weiteren destruktiven Erfindung der Neuzeit: *der Telekommunikation.*

Dabei ist die Fähigkeit des Menschen sich mittels Sprache auszutauschen als Grund dafür zu sehen, dass er über etliche Jahrtausende hinweg anderen terrestrischen Lebensformen überlegen war.

Seit Erfindung der modernen Telekommunikation befinden wir uns nun aber wieder auf dem Rückweg zum Anfangsstadium.

Nachweislich, und dies ist ausnahmsweise einmal kein Witz, ist jetzt schon jedes dritte Kind sprachlich schwerstens retardiert. Grunz, Grübel, Stutz?

Wenn auch heute schon veraltet, war das gute alte Telefon mit Schnur, Gabel und Wählscheibe die eigentliche Mutter allen Übels.

Wieder einmal hatte die Industrie ein Produkt erschaffen, das so einfach wie genial, allerdings auch ebenso überflüssig war.

Das Telefon befähigt uns, mit Menschen zu dialogisieren, die räumlich nicht vorhanden sind!? Faktisch gesehen ist dies nichts anderes als eine moderne Form der Schizophrenie, mit der sich allerdings viel, viel Geld verdienen lässt.

Unbestritten ist es für die Evolution des Menschen seit jeher ziemlich nutzlos gewesen, mit Menschen zu sprechen, die eigentlich gar nicht da sind, oder?

Dementsprechend schwachsinnig sind heutzutage auch die Inhalte dieser Pseudogespräche via Telefon: " Ja hallo, wie geht's denn so?" - "Gut, genau wie gestern" - "Ich hoffe ich stör dich nicht, was machst'n gerade?" - "Ich telefoniere" - "Ach so, dann will ich dich nicht länger stören, ich ruf' später noch mal an" - "Johh, kannst mir auf den AB* sprechen, ich muss noch duschen, bevor ich zu dir komme" (* Anrufbeantworter).

Apropos Anrufbeantworter. Was war gleich noch einmal der Superlativ von Schwachsinn?!

Also, noch mal langsam:

Dank Telefon können wir mit Menschen sprechen, von denen wir eigentlich nichts wollen, weil sie ja gar nicht da sind... und dank des AB's können wir sogar mit Leuten reden, die 1. nicht da sind, 2. von denen wir nichts wollen und 3. die außerdem noch nicht einmal dort sind, wo wir sowieso noch nie waren.

Riesig - vor allem der Gedanke daran, wie sich die Jungs von den Telefongesellschaften vor Lachen auf die Schenkel klopfen, weil sie für jede Minute ein Schweinegeld kassieren.

Ein Konsumgut ist ein Gut, das jeder kaufen tut –
obwohl er's gar nicht brauchen tut!

Arabisch vier?!:

DER COMPUTER

Seitdem wir aus dem Urschleim gekrochen sind, hat es keine Erfindung der Menschheitsgeschichte vermocht, den Weltenlauf innerhalb von nur ein paar Jahren derart zu revolutionieren wie der Computer.

Nicht die Beherrschung des Feuers, nicht die Erfindung des Rades und auch nicht die Entwicklung des alkoholfreien Biergenusses(?) hat es geschafft, die Spezies

Mensch derart in seinen Bann zu ziehen wie das elektronische Gehirn.

Nichts geht mehr ohne Computer, nichts.
Bestellungen im Versandhaus, Geldgeschäfte, Fahrplanauskünfte sowie computergesteuerte Kühlschränke, die anzeigen, wann die Butter ranzig wird, sind total normal. Selbst die erhofften sechs Richtigen beim Lottospielen überlässt man dem computergesteuerten Zufallsgenerator.

Keinen Computer zuhause? Undenkbar - ohne Computerkenntnisse (und sei es auch nur über Super Mario oder Space Invaders) ist es nicht mehr möglich, auch nur einen Job als Aushilfskellner zu bekommen.
Folgerichtig muss in jedem deutschen Kinderzimmer, neben dem mittlerweile üblichen Fernseh- und Videogerät, ebenfalls ein Computer für die lieben Kleinen installiert sein. Schließlich müssen die Kids ja auf die Zukunft(?) vorbereitet werden und sich mit ihren wenigen Freunden via sogenannter Emails (Elektropost) darüber austauschen können, wer gerade die neuesten Computerspiele hat.

Weil Computer nun einmal lebenswichtig sind, kann man diese Geräte neuerdings in einer bekannten Lebensmittelkette superpreisgünstig erwerben, allerdings nur unter der Voraussetzung, man reist schon in der Nacht zuvor an und campiert vor der Eingangspforte.

Genau aus diesem Grund finden sich grundsätzlich eine Woche vor Ausgabe dieser außerordentlich günstigen Elektrohirne, Schlafsäcke und Campingzelte im Sonderangebotsrepertoire derselben Supermarktkette.
Eine verkaufstechnische Meisterleistung! Dies nur als Tipp, um frühzeitig reagieren zu können.

Dieses Spiel wird dadurch auf die Spitze getrieben, dass jedes Modell das auf den Markt gebracht wird, spätestens nach etwas mehr als einem halben Jahr "total veraltet" und nur als Hamsterkäfig zu gebrauchen ist.
Ausgestattet mit derartigem High-Tech-Equipment (Hoch-Technisierte-Ausrüstung), wie Play-Station (Spiel-Platz), Joystick (Freudenstab) und Internet, steht einer gesunden und zukunftsorientierten Entwicklung unserer Kinder und Jugendlichen nichts mehr im Wege.

Das Internet fördert unumstritten die Selbstständigkeit und Unabhängigkeit des Nachwuchses.
Musste früher noch mühselig der schwere Eichenschrank, in dem die Eltern ihre Videos eingeschlossen hatten, aufgebrochen werden, haben die Kids heute dank Internet, freien Zugang zu den härtesten Horror-, Gewalt- und Pornofilmen.
Mit Hilfe der geklauten Scheckkarte können sich schon 10-jährige Jagdmesser, Gaspistolen und Kleinkalibergewehre bestellen, nur für den Fall, dass der Schulhof-Dealer, bei dem man sonst die heute für den Schulalltag notwendigen Waffen bestellt, einmal mit Masern im Bettchen bleiben muss.

"MODE UND JUGEND"

Was bleibt daher unserem sprachlich sowie körperlich degenerierten Nachwuchs noch anderes übrig, als sich über ein bestimmtes "OUTFIT" zu definieren? Hä!

Die Möglichkeiten sind nicht immer schön, aber auffällig:

In Hosen, in denen man neben den verkümmerten Beinchen noch gut und gerne zwei Zentner Kartoffeln unterbringen kann, schlurfen die männlichen Exemplare dieser wandelnden Litfaßsäulen mit offenen Sportschuhen durch die urbanen Fußgängerzonen (übrigens oft die einzige Wegstrecke welche überhaupt noch per Pedes überwunden wird).

Während die, dank der aktuellen Plateau-Schuh-Mode geradezu riesig wirkenden Weibchen, die örtlichen Klamotten- und Kosmetikläden heimsuchen, bevölkern die Herren der Schöpfung die umliegenden Parkbänke.

Geschickt auf der Rückenlehne sitzend wird das nähere Umfeld innerhalb kürzester Zeit flächendeckend mit Zigarettenkippen, leeren Bierdosen und nicht zu vergessen, einer Unmenge von ausgerotzten "Yellows" (ugs. für Rotzflecken) versehen.

Ermutigt durch das tägliche Fernsehprogramm und/oder von diversen Äktschen- und Horrorvideos werden anschließend einzelne Passagen gekonnt nachgespielt.

Aufgrund dieser innerstädtischen Verhaltensmuster unserer X-Generation hat sich der tägliche Einkaufsweg von älteren Bürgern in den letzten zehn Jahren nachweislich fast verdreifacht.
Diese Entwicklung findet ihre Begründung einzig und allein in der Tatsache, dass Rentner aus Angst vor Pöbeleien in den Fußgängerzonen neuerdings Slalom laufen müssen, um a) ohne körperlichen Schaden, und b) mit Geldbörse und Einkaufstasche in ihre halbwegs Schutz bietenden Wohnungen zu gelangen (Vorausgesetzt man hat die innerstädtische Wohnung nicht schon lange an die eigenen Kinder oder an Immobilienhaie abtreten müssen).

Vor allem in den kalten Wintermonaten, in denen es schon um fünf Uhr dunkel ist, kommen jährlich Tausende von Rentnern zu Tode, weil sie nicht rechtzeitig vor Einbruch der Dunkelheit das schutzbietende Domizil erreichen konnten.
Nicht wenige dieser eingeschüchterten Rentner nehmen aus diesen Gründen oft billigend einen erbärmlichen Hungertod in Kauf, wenn die Hamsterkäufe gegen Ende der Sommerzeit nicht bis zur erneuten Zeitumstellung Ende März ausreichen.

Dass diese moderne Form der natürlichen Selektion von Rentnern zwar von offiziellen Stellen verurteilt wird, aber selbigen im Grunde sehr willkommen ist, liegt bei genauerer Betrachtung auf der Hand.

Auf diese Art und Weise reduzieren sich die unnütz scheinenden, dafür aber immens hohen Aufwendungen für die Rentenausgaben ganz erheblich. Läuft alles optimal, hat der verhungerte Rentner keine Anverwandten, und die schöne Immobilie beschert dem entsprechenden Sachbearbeiter im Rathaus ein fettes Zubrot. Sozialverträgliches Ableben par excellence!

Kommen wir nun aber zu einem Begriff, der in unserer Gesellschaft tagtäglich an Bedeutung gewinnt:

DIE FREIZEIT

Wir müssen hierbei verschiedene Erscheinungsformen der "freien Zeit", lateinisch übrigens "Bontempi", unterscheiden.

Für Arbeitslose, Sozialhilfeempfänger und andere aus dem Produktionsablauf entfernte Menschen bedeutet Freizeit in erster Linie ein ernstzunehmender Angriff auf das psychische und physische Befinden.

Den zum Nichtstun verdammten Menschen bleibt nichts anderes übrig, als fernzusehen (daher stammt auch der Ursprung des Begriffes: *"In die Röhre gucken"*).

Sicher macht es Spaß, sich über all die Errungenschaften unserer Konsumgesellschaft durch Tausende von Werbespots informieren zu lassen (besonders empfehlenswert hierbei: "Die witzigsten Werbespots der

Welt"), aber die Tatsache, dass man sich außer der Lieblingssorte Bier nichts anderes mehr leisten kann, zerrt auf Dauer an den Nerven.

Deswegen spricht man in Medizinerkreisen von der sogenannten Leber-Zerr-Rose. Der nächste Spielfilm wird ihnen präsentiert von ihrer Lieblingsbrauerei...!

Tja, wie sagte mein Opa immer:
"Arbeit ist Arbeit und Schnaps ist Schnaps."

Wer die Arbeitsmarktlage in diesem unserem Land kennt, kann sich an drei Fingern abzählen, was demzufolge schlussendlich übrig bleibt.

Haut einem dann auch noch aufgrund der unzureichenden privaten Haushaltslage die eigene Frau ab, hat man zum Glück noch viel, viel mehr Freizeit!

Ist die Frau erst weg, vergnügt man sich halt ersatzweise mit Maria Kron, natürlich erst, wenn man sich (mit) genügend Mumm (einen) angesoffen hat.

Für die Menschen dagegen, deren finanzielle Situation als befriedigend oder gut zu bezeichnen ist, ist Freizeit in erster Linie mit enorm hohem Stress verbunden.

Jede durch Arbeitszeitverkürzung, Kurzarbeit oder sonstige Geschichten gewonnene Minute ist generalstabsmäßig verplant.

Makramee-Kurse für die Damen, Rhetorik Kurse für den Herren, Tennis-Mätsches mit Kegelbrüdern, Squash Gefechte mit den Körnerfressern und Yogihüpfern aus der Selbsterfahrungsgruppe, winterliches Schifahren mit den Mitgliedern des Surfclubs "Hart am Wind", Inline-Rennen mit den Freaks aus dem Mountainbike-Verein, Abschlussfahrten mit den alten Herren von der Thekenmannschaft "Zur Post", Wochenendbesuche in Disney-World, Fort Fun oder Phantasia-Land, der Untergang Titanic zum zwanzigsten Mal, Shopping in riesigen Einkaufszentren (inklusive Verlaufen in den angeschlossenen gigantischen Parkhäusern), Ausstellungen, Messen, Musicals all over the world, Internet-Surfen bis zum grauen Star, Lichterketten für ein geeintes Europa organisieren, Altkleidersammlungen, Ehrung für die fünfzigste Blutspende, Greenpeace-Aktionen in den Kühlbecken noch nicht stillgelegter Kernkraftwerke, Gummiband-Springen vom Kölner Dom, Paranoides Gleiten vom Kahlen Asten, Wochenendtrip zum Ballermann, 24 Stundenausflug zum Zugspitzgletscher, Paris bei Nacht, London am Tag, Oktoberfest im Rotkreuzzelt, Prügelei auf'm Schützenfest, Brandschutzübung mit den Kollegen der Freiwilligen Feuerwehr, Seepferdchen nachholen, Dichterlesung mit Marzell R.R, Dauerkarte beim SV Meppen, Piercen lassen, Eheberatung, Abtreibung in Holland mit Freundin, Ableisten sozialer Stunden im Altenheim, Nachschulung, um den Führerschein wieder zu bekommen, Schönheitsfarm, VHS-Kurs "Sado-Maso Praktiken für Anfänger und, und, und.

Diesem Dauerstress mit den dazugehörigen Adrenalin-Attacken ist auf Dauer niemand gewachsen und deshalb fährt der moderne Mensch auch sehr gerne in den:

URLAUB

Aus Angst, auch nur eine Minute "der schönsten Stunden des Jahres" ungenutzt verpuffen zu lassen, ist jeder Urlaub minutiös durchgeplant.

Um Eindruck bei Freunden und Bekannten zu schinden, sollte die minimale Flugzeit zum Urlaubsort nicht unter zwölf Stunden liegen. Mit althergebrachten Reisezielen wie Rimini oder Südtirol lässt sich heutzutage kein Schwein mehr beeindrucken.

Besonders beliebt sind bei unseren Neckermännern und -Frauen die sogenannten "All-Inclusive-Clubs".

Wie der Name schon sagt, braucht man sich bei solcher Art von Reisevergnügen um rein gar nichts zu kümmern.

Die Plauze die man sich am Frühstücksbüffet angefressen hat, wird unverzüglich durch ein ausgiebiges Aerobic-Programm am hoteleigenen Strand abtrainiert.

Die Sportanimation wird von ewig grinsenden, gut gebauten und braun gebrannten Damen und Herren geleitet. Leicht verwirrend ist beim Sport der von den Anleitern gebrauchte Wortschatz, der zu 90zig Prozent aus einer Aneinanderreihung von englischen Zahlen besteht: "Two-three-four, and again three-four and back one step to the three-four and once more two-three".

Gewöhnungsbedürftig, aber offensichtlich ungemein "cool man", two three four.

Nach dieser idiotischen Hampelei erlauben einem die immer noch grinsenden Animateure, sich an den Pool zu legen, wo man natürlich schon um 4.30 Uhr morgens zwei optimal platzierte Liegestühle, mittels Handtuch, reserviert hat.

Man könnte ja auch an den Strand gehen, aber die ortsansässigen Einwohner sind leider noch nicht komplett umgesiedelt worden, und daher ist es bestimmt sicherer, man bleibt in der Hotelanlage unter sich.

Da man aber als moderner Tourist, geradezu verpflichtet ist, Interesse für Land und Leute zu heucheln, werden glücklicherweise von den meisten Reiseveranstaltern Safaritrips in die nähere Umgebung, der durch Stacheldraht, Elektrozäune und Selbstschussanlagen, relativ gut gesicherten Clubanlagen, angeboten.

Von gepanzerten Wagen aus, eskortiert von gut ausgebildeten Scharfschützen, kann man bequem und kommod Ausflüge in die Fauna und Flora des jeweiligen Landes unternehmen.

Je nach Neigung können vom Jeep aus Bilder für das Fotoalbum geschossen werden, oder Elefanten, Nashörner und die Ziegen und Rinder der ansässigen Bauern wahllos abgeknallt werden.

Ein Heidenspaß für die ganze Familie, bedauerlicherweise aber nicht im All-Inclusive-Paket enthalten.

Höhepunkt einer jeden Safari ist der Besuch in einen originalgetreu nachgebautem Dorf der einheimischen Bevölkerung.

Ausgestattet mit Mundschutz und Gummihandschuhen kann man sich an den dargebotenen, traditionellen Tänzen und Gesängen der netten Wilden erfreuen.

Durch ein flüssig gehaltenes Referat des weißen Reiseleiters (mit zackiger Kurzhaarfrisur und sehr auffälligem Oberlippenbart) ist man schon im Vorfeld darüber informiert worden, um wie viel besser es die Bimbos doch während der Kolonialzeit hatten, und wie sehr die Ureinwohner jetzt vom Tourismus abhängig sind.

Ob dieses Wissens fällt es selbst sparsamen Touristen leicht, die vom Veranstalter gestellten Glasperlen, Kaugummis und Kamellen vom letzten Rosenmontagszug großherzig an die armen Geschöpfe zu verteilen.

Gerüchte, dass angetrunkene Touristen von ihren Jeeps aus, mit oben genannten Geschenken und unter Zuhilfenahme von selbstgebauten Schleudern, regelrecht Jagd auf die armen Negerlein machen, können zum jetzigen Zeitpunkt noch nicht bestätigt werden- bedenklich ist allerdings in der Tat die, wie ich meine, oft verdächtige Namensgebung der angebotenen Safaris wie zum Beispiel "Kallahari-Kamelle-Jagd", "Massai-Murmel-Meeting", "Zwille-Swasi-Spaß" oder "Bimbos-Bonbon-Bombe".

Zurück im Club wird dann pünktlich um 12.00 Uhr, und wenn ich sage Punkt zwölf, dann meine ich auch Punkt zwölf, zur Schlacht am Mittagsbüffet geblasen.

Zum Glück gibt es hier deutsche Küche, wie übrigens in fast allen Clubs, in denen man die letzten Jahre war.

Man muss schon etwas schneller essen, damit man sich den Teller vor all den anderen Schmarotzern ein zweites mal so richtig vollhauen kann.

Aber der Deutsche an sich, isst ja sowieso relativ schnell, und außerdem ist um 13.00 Uhr ein Beach-Volleyball-Turnier anberaumt worden.
Ersatzweise wird auch eine Fahrt auf einer sogenannten Banane angeboten. Das ist ein riesiger, phallusartiger, mit kreischenden Touristen besetzter Gummischlauch, der von einem Schnellboot über das strandnahe Gewässer gezogen wird.
Ist übrigens jedes Jahr wieder lustig, und was viel wichtiger ist: natürlich alles allinclusiv!

Wer während all dieser sportlichen Betätigung Durst bekommen hat und vor dem offiziellem Ende der Animation ein Päuschen einlegen möchte, tja, der muss als cluberfahrener Touri schon mal eine taktische Verletzung vortäuschen.

Die Damen bevorzugen gerne einen uralten bewährten Trick: Sie bekommen die Monatsblutung!
Vorsicht, Animateure, die ihren Job wirklich ernst nehmen, scheuen sich nicht, gegebenenfalls Binden und Tampons auf die verräterischen Blutspuren zu untersuchen.
Deshalb sollte Frau immer eine Patrone mit roter Tinte oder etwas Ketchup in der im Urlaub so beliebten Gürteltasche mit sich führen.

Beim allabendlichen Dinner ist ebenfalls eine gewisse Zügigkeit angebracht, denn schließlich beginnt das Abendprogramm schon um 19.30 Uhr.

Da alle Getränke, die nach 22.00 Uhr getrunken werden, nicht im All-Inclusive-Paket enthalten sind, wird beim Abendessen gerne schon mal das ein oder andere Bierchen mehr getrunken als unbedingt notwendig.

Diese Tatsache erleichtert aber gleichzeitig einen ungehemmteren Einstieg in die überaus lustige Abendanimation.

Das nette Unterhaltungsprogramm beginnt normalerweise mit einem von den Animateuren nachgespielten Schauspielstück, in der Regel "Dinner for one" oder auch schon 'mal wegen der gern gesehenen Tanzeinlagen, mit Sequenzen aus "Dirty Dancing"! Danach geht es aber erst einmal richtig rund! Ich sage nur: *Misswahlen!*

Aus dem mittlerweile doch schon stark angetrunkenem Publikum (ca. 20.30 Uhr Ortszeit) werden von den Spielleitern acht bis zehn Damen ausgewählt, die dann unter dem Gelächter des Restpublikums diverse Aufgaben erfüllen müssen.

Neben den üblichen Tanzdarbietungen muss in guten Clubs auch schon 'mal möglichst viel Unterwäsche der anwesenden Herren eingesammelt werden.

Hei, was für ein Spaß.

Die Herren der Schöpfung biedern sich meistens allerdings geradezu an ihre Wäsche loszuwerden, da es sich ohne Unterhose und nur noch mit einem großzügig geschnittenem Hemd mit Mickey Mouse Applikation bekleidet, einfach viel unauffälliger während des sich anschließenden "Miss-Wet-T-Shirt-Contest" wichsen lässt.

Nach erfolgter Wahl zur Miss "Club Mediterranee" oder sonst was, sind dann die langsam aber sicher volltrunkenen Herren der Schöpfung selbst an der Reihe.
Unter dem ekstatischen Gejohle der weiblichen Clubber, darf jeder einzelne seinen riesigen Bierbauch zeigen oder ersatzweise ungeniert auf die Bühne urinieren.

Abschlusswettkampf und gleichzeitig Höhepunkt eines jeden Abends (ca. 21.45 Uhr) ist in schöner Regelmäßigkeit das sogenannte "Wettrinken" - Juchhee!
Die Jungens bilden zwei Mannschaften (z.B. "Bayern" und "Ostfriesen").
Sie müssen dann in einer Art Staffellauf abwechselnd in einen affenartigen Tempo möglichst viel trinken, zwanzig Liegestütze machen und danach den nächsten Kandidaten abklatschen. Lustig, Lustig, tralalalla.

Nur die immergeilen Singles unter den Touristen schaffen nach Programmende noch den Weg in die Clubdiskothek, die es zum Glück mittlerweile in fast jedem dieser Urlaubsghettos gibt.
Diejenigen, die unter den mitgereisten Singles keinen potentiellen Bumspartner ausmachen konnten und auch

bei den multilingualen und immergeilen Animateuren abgeblitzt sind, brauchen sich aber in keinster Form zu grämen.

Tagsüber bleibt man zwar lieber unter sich, aber gegen hübsche Einheimische am Abend hat niemand etwas einzuwenden.

Mit ein paar Dollars in der Tasche kann man schließlich überall den großen Zampano mimen und sich je nach Urlaubsort braungebrannte Schönheiten, rassige Mittelamerikanerinnen, oder auch handliche Asiatinnen zu Gemüte führen. It's a blow Job, aber im Endeffekt doch nichts anderes als Entwicklungshilfe an der Basis, oder?

Diese moderne Form des "Oralen Fremdenverkehrs" ist unter anderem für die Begriffsprägung "Arme Schlucker" verantwortlich!?

Leider, und ich betone leider, sind diese Liebesdienste nicht in dem umfassenden All-Inclusive-Paket enthalten, aber das kann sich vielleicht ja noch in den nächsten Jahren ändern.

Total betrunken und relaxed im Schritt begibt man sich nach so einem gelungenem Abend in das vollklimatisierte Zimmer, nicht ohne noch schnell einen Drink aus der Minibar zu kippen, denn das wiederum ist wieder im Preis inbegriffen.

Eines ist klar: Nächstes Jahr machen wir auf jeden Fall wieder Club Urlaub!

Generell lässt sich der moderne Urlaubende, fünf verschiedenen Grundtypen zuordnen:

Römisch Eins ?!

Der mediterrane Typus

Obligatorisch und schon aus der Ferne zu erkennen, die krebsrote Hautfarbe mit den sich sehr individuell ablösenden, etwa tellergroßen Hautstücken.
Tja, ein durch übermäßigen Alkoholgenuss bedingtes Nickerchen am Strand fordert nun einmal seinen Tribut. Durch das permanente Tragen von überaus coolen Sonnenbrillen zeichnet sich diese Spezies zusätzlich durch einen die roten Augen eindrucksvoll betonenden, weißen Streifen im Gesicht aus. Die hieraus resultierende Frage, "ob man denn im Urlaub unentwegt "Blinde Kuh" gespielt habe", hört man in diesem Zusammenhang sehr gerne.

Einzig positive Eigenschaft dieser Urlaubsform ist die Tatsache, dass Daheimgebliebene nicht mit langweiligen Urlaubsgeschichten genervt werden, da die meisten "Erlebnisse" wegen des konstant hohen Alkoholpegels schlichtweg nicht mehr rekonstruiert werden können.

Römisch Zwei?!

Der Asien Fan

Diese Gattung bevorzugt extravagante, wirtschaftlich stark unterentwickelte Länder in Fernost, in denen die sauer verdiente Mark noch etwas wert ist.

Hier wird dann nach allen Regeln der Kunst der vermeintliche Krösus gemimt, das Hotelpersonal schikaniert und sich ständig darüber lustig gemacht, dass die Einheimischen noch nicht 'mal richtig deutsch sprechen können.

Der eher sonnenscheue Vertreter dieser Spezies hält sich am liebsten in den Vergnügungs- und Rotlichtbezirken auf, um seiner Passion zu frönen: "Poppen".

Ein wahrer Fulltime-Job mit bevorzugt sehr jungen einheimischen Frauen und Mädchen.

Leider wird es im Vorfeld der Reise oft aus Sparsamkeitsgründen versäumt, sich die notwendigen Impfungen gegen die einschlägigen Tropenkrankheiten verabreichen zu lassen.

Somit kommt der gemeine Asienexperte nach seiner Rückkehr oft in den Genuss einer von der Krankenkasse bezahlten Spezialkur, in Form eines mehrwöchigen Aufenthaltes in einer der geschlossenen Abteilungen deutscher Tropeninstitute.

Günstig: Gleichzeitig kann bei der Gelegenheit auch der mitgebrachte Tripper in aller Ruhe ausheilen, ohne dass die Frau zu Hause etwas mitbekommt.

Römisch Drei?!

Manager Urlaub

Von allen Urlaubsformen ist der Urlaub für den stress-
geplagten Manager mit Sicherheit der lukrativste- natürlich nur für den Reiseveranstalter!
Schließlich wird hierbei nichts weiter als ein sumpfiges
Naturschutzgebiet und ein ehemaliger Fremdenlegionär
als Reiseleiter benötigt!

Spätestens nach drei Tagen läuft dem sonst verwöhnten
Gourmet beim Anblick von Würmern, Käfern und den
diversen Moosen und Flechten, das Wasser im Mund
zusammen.
Nachrichten an die treusorgende Ehefrau (respektive
Sekretärin) werden stilecht mit Holzkohlestäbchen auf
Birkenrinde geritzt, vorausgesetzt, man hat gelernt, ein
Feuer ohne die sonst üblichen Hilfsmittel zu entfachen.
Nach drei bis vier Wochen wird der sichtlich abgema-
gerte Manager wieder in die Welt des schnöden Mam-
mons entlassen.

Günstig: Die Gefahr einer Infektion mit Geschlechts-
krankheiten geht gegen Null!

Römisch Vier!?

Der Abenteuerurlaub

(Ein Beispiel)

Nur mit einer Boxershort bekleidet wird unser Extremurlauber aus einem Aeroflot-Wrack über Nepal abgeworfen.
Nach einer kurzen Orientierungsphase geht es abwechselnd mit Paraglidern und/oder auf dem Rücken von übelstriechenden Yaks durch die Einöde der mongolischen Gobi-Wüste.

Kurz bevor der Gedanke an einen gescheiten Suizid beim Probanden überhand nimmt wird der sichtlich gezeichnete Urlauber, vom mittlerweile in die Jahre gekommenen Thor Heierdahl, auf ein mit Wasser vollgesogenes Schilfboot "eingeladen"(Einer der Ruderer ist tags zuvor elendig an Skorbut verendet).

Mit viel Glück und der Hilfe eines für den Pazifik so typischen Tornados sollte es schon nach 30 Tagen gelingen, die rettende Küste von Südamerika zu erreichen.
Nachdem man sich stilecht als Plantagenarbeiter verdingend bis nach New York durchgeschlagen hat, ist der Rest nur noch ein Kinderspiel.
Auf den Spuren Lindberghs wird der Atlantik in einem altersschwachen Doppeldecker überquert, um anschließend in aller Seelenruhe von England aus den Ärmelkanal zu durchschwimmen.

Alles in allem ein Urlaub, von dem unser Abenteurer noch seinen Kindern erzählen kann, sollten Krankheiten und übermenschliche Belastungen nicht nachhaltige Auswirkungen auf seine Zeugungsfähigkeit hinterlassen haben.

Ungünstig: Die Mannschaft von Heierdahl hatte schon seit Monaten keinen fremden Arsch mehr gesehen....... Auauaua.

Römisch Fünf?!

Der Campingfetischist

Im Gegensatz zu der gängigen Meinung, dass nur Holländer auf Wohnwagen und Zelt als Feriendomizil zurückgreifen, gibt es auch bei uns eine straff organisierte Campinggemeinde.

Der deutsche Campingplatz gleicht nach Ferienende einem mit Schützengräben durchzogenem Schlachtfeld.
Um das zugewiesene Areal gegen Mitcamper effektiv zu schützen, ist die "Regenrinne" schon mal bis zu eineinhalb Meter tief und mehr oder weniger unauffällig mit Stacheldraht gesichert.
Das Szenario eines überfüllten Campingplatzes entbehrt jeglicher Beschreibung.

Einem gigantischen Morgennebel gleichend, ist das gesamte Gebiet in nach Grillwurst und verbranntem Fett riechende Rauchschwaden gehüllt und die Geräuschku-

lisse aus schreienden Kindern und unzähligen Fernseh-
und Radiogeräten ist die Erfüllung eines jeden Campers.

Nach Einbruch der Dunkelheit erstrahlt der Zeltplatz in
ein diffuses, blaugrünes Lichtermeer getaucht, welches
durch die unzähligen Insektenabwehrlampen seine Er-
klärung findet.
Die Stille der Nacht wird nur noch durch das anhei-
melnde Geräusch der durch Stromschläge zerplatzen-
den, unliebsamen Nachtschwärmer durchbrochen.
Die lieblichen Gerüche der angrenzenden Toiletten,
welche naturgegeben besonders frühmorgens einer star-
ken Frequentierung ausgesetzt sind, lassen den Camper
aus den feuchtklammen Träumen erwachen, um festzu-
stellen, dass kein Hotel auf dieser Welt diesen unbe-
schreiblichen Flair von Frieden und Freiheit vermitteln
kann.

Ungünstig: Hygiene ist Luxus; - Fungizide und Antimi-
kotikas sind noch bis zu 6 Wochen nach Urlaubsende
anzuwenden!

Postholidayiale Depression

Ein häufig auftretendes Phänomen nach Urlaubsende ist
die sogenannte „postholidayiale Depression".
Dieser Zustand äußert sich dadurch, dass eine zuneh-
mende Zahl von Menschen besonders nach einem schönen Urlaub kurzzeitig erkennen, dass sie nur winzige
und entmündigte Rädchen in einer nahezu perfekt organisierten Alltagswelt sind. Zu Konsumknechten de-

gradierte Mitläufer. Jeder einzelne sozusagen ein anonymes Nichts, ein Niemand, weniger als ein Pickel am Arsch einer altersschwachen Staubmilbe!

Dies wirkt oft sehr befremdlich und ist für ein angeknackstes Selbstbewusstsein nicht sonderlich förderlich. Aber auch diese "Pseudorevoluzzer" werden, ohne es wahrzunehmen, schon lange als eine von vielen speziellen Zielgruppen systematisch abgezockt und bescheren den Industrie-Mogulen gigantische Gewinne.

Der Wunsch jedes Einzelnen sich von der Masse abzusetzen wird / ist für kapitalistisch geprägten Staatsformen von enormer wirtschaftlicher Bedeutung. Man stelle sich nur vor bei uns würden (wie in China) alle in einheitlich graublauen Arbeitsuniformen für „Zweimarkfuffzich" rumlaufen, und der ganze Stolz wäre ein altes vom Vater geerbtes Fahrrad.

Tja, Konsumterror finde ich zwar total Scheiße, aber ohne das richtige OUT-FIT bist du halt nur 'ne arme Sau. Das Motto: "AUFFALLEN UM JEDEN PREIS", hat gerade in den letzten fünf Jahren die lustigsten Auswüchse angenommen.

Während es früher noch vollkommen ausreichend war, sich mittels teurer Luxusartikel wie Autos, Armbanduhren, Armanianzügen oder über die Mitgliedschaften in Tennis und/oder Golfclubs zu profilieren, muss man sich heutzutage schon ein bisschen mehr einfallen lassen, um sich von der tumben Masse abzuheben.

Nachfolgend finden Sie einige dieser aus der Sehnsucht nach Individualität resultierenden, oft sehr lustigen, gesellschaftlichen Auswüchse:

DAS PIERCING

(Körper- und Genitalblech)

Hierbei werden am gesamten Körper Ringe, Ketten und Glöckchen festgedübelt, um diese ungemein coolen Accessoires, bei jeder noch so unpassenden Gelegenheit, einem mittlerweile nur noch gelangweiltem Publikum präsentieren zu können.

Schließlich hat sich ja inzwischen jeder noch so spießige Buchhalter ein original Wrangler-Glöckchen an die Eichel nageln lassen und jede noch so fette Sau präsentiert stolz ein cooles Bauchnabel- und / oder Schamlippen Piercing.

Leider oxidieren diese ob des massiven Übergewichtes unter mehreren Lagen Bauchspeck langsam und geschützt vor den Blicken anderer unbemerkt vor sich hin. Cool, cool, cool, vor allen dann, wenn man mit einem Zungenpiercing an der Zahnspange der minderjährigen Freundin hängen bleibt, oder sich mit dem Glöckchenpenis in der Spirale verheddert. Pimmel, Bimmel, Schimmel!

Oft gehen nämlich beim Geschlechtsakt dieser Blechpisser, trotz sofort eingeleiteter "Ringfahndung", die teuer erworbenen Anhängsel einfach verloren.

So bleiben die Schmuckstücke, oft einfach hinter irgend einer Plazenta oder einer Darmzotte bis zum St. Nimmerleinstag, achtlos liegen.

Um das zu vermeiden, kamen findige Langzeitpiercer auf den „genitalen" Einfall, den Körperschmuck direkt komplett unter die Haut zu implantieren - man kann ihn dann zwar nicht so gut sehen, aber eben auch nur sehr schwer verlieren.

Das wär' doch auch mal eine Idee für Regenschirme und Schlüsselbunde?!

Zusätzlich und zur optischen Auflockerung kann man sich selbst noch modische Narben zufügen. Dies geschieht, je nach Geschmack, mittels chirurgischer Skalpelle (Scaring), oder durch Benutzung von Brandeisen (Branding).

Nachdrücklich möchten wir an dieser Stelle, aber vom oft missverstandenen "Ganzkörperbranding" abraten.

Diese Art des Körperschmuckes stammt ursprünglich aus dem Nahen Osten und wird unter Zuhilfenahme eines Feuerzeuges sowie eines Kanisters Benzin (hohe Oktanzahl) praktiziert. Selbstredend eignet sich diese sehr radikale Form des Branding nicht dazu, einen längerfristigen Spaß an der modischen Selbstverstümmelung des eigenen Körpers zu haben.

EXTREM-SPORT

Ebenfalls äußerst beliebt, um sich von der Masse der Sesselpuper abzusetzen, sind die sogenannten Extremsportarten.

Trotz aller schwachsinnigen Auswüchse muss man doch immer wieder den Hut vor dem Einfallsreichtum dieser Spezies Mensch ziehen.

Da es inzwischen so gut wie keinen unbezwungenen Berg, keinen noch nicht durchschwommenen Ozean, keine noch nicht durchwanderte Wüste etc. gibt, wird es natürlich, zugegebenermaßen, immer schwieriger, irgendetwas Außergewöhnliches auf die Beine zu stellen.

Da es aber den meisten dieser ungemein geltungsbedürftigen Pseudosportler, ob ihrer sehr stark beschränkten körperlichen Fähigkeiten, nicht möglich, ist mit Reinhold M. Yetis zu jagen, oder auf einem Bein hüpfend die Namib-Wüste zu durchqueren, suchen sie sich eben Sportarten, die das Herz-Kreislauf-System nicht ganz so beanspruchen.

Wichtig bei der Einführung einer neuen Modesportart ist in erster Linie eine neue Bezeichnung für die ausgeübten Bewegungsabläufe und in zweiter Linie ein ungeheuer schickes und auch oft sehr teures "OUTFIT!".

Während die Älteren unter uns sich bei so profanen Sportarten wie dem Fahrradfahren, Federballspielen oder Rollschuhlaufen vergnügten, muss man den actiongeilen Adrenalin-Süchtigen von heute schon erheblich mehr bieten, Mountainbiken zum Beispiel.

Obwohl es auf den ersten Blick zwar Ähnlichkeiten mit dem Fahrradfahren zu haben scheint, ist MOUNTAIN-BIKEN viel, viel mehr als nur die Zähmung eines widerspenstigen Drahtesels.
Vor allem kostet der Spaß aber auch viel, viel mehr!

Zur Ausrüstung eines "Bergfahrers" gehören unbedingt:
Hartschaum-Head-Protector (ugs. Helm), der den Sportlerkopf, rein optisch, in eine übergroße Eichel verwandelt und stark an die Kopfschützer von spastisch Gelähmten oder von Epilepsie geplagten Menschen erinnert.
High-Tech-Carbon-Steel-Giga-Bikes zum Preis eines Mittelklassewagens, mit bis zu 500 verschieden Gängen und einem Rahmen aus genmanipulierten Milleniumstahl der durch eine Titan-Legierung gegen Kortison bestens geschützt ist.
Ebenso wie beim Inlineskaten sind zusätzlich alle wichtigen Gelenke des Users mit sogenannten Protektoren gegen eventuelle Kräches geschützt.

Den typischen Mountainbiker erkennt man leicht an dem aus Matsch und Lehm bestehenden braunen Streifen, der den Sportler in zwei säuberliche Hälften teilt, oder an den vielen Fahrrad-, 'Tschuldigung, Biketeilen wie Räder, Sattel und Lenker, die er immer dann mit sich rumschleppt, wenn das teuere Gefährt irgendwo geparkt werden muss.

In Aktion gleicht der Mountainbiker einem Intensivstationspatienten, der von oben bis unten mit diversen Kabeln und Schläuchen versehen ist.

Die Kabel dienen der ständigen Kontrolle von Puls, Herzschlag, gefahrener Kilometerzahl, Außentemperatur, etc., deren Daten sofort in den bordeigenen Computer eingespeist werden.

Bei einem plötzlichem Abfall der Blutzuckerwerte kann dann sofort an den diversen Schläuchen gesaugt werden, die in am Rahmen befestigte Behälter führen, welche mit Astronautennahrung, Nährsalzlösungen und isotonischen Getränken gefüllt sind.

Eine Klingel ist allerdings meistens nicht vorhanden!

Im Outfit ähnlich präsentieren sich, wie schon erwähnt, die sogenannten Rollerbladers.

Politisch korrekt: INLINE-SKATER.

Dies sind Rollschuhfahrer, bei denen man die üblichen zwei Räderpaare nicht neben - sondern hintereinander platziert hat.

Diese Konstellation dient in erster Linie einer höheren Unfallwahrscheinlichkeit, und wird daher von der Zunft der Orthopäden und Chirurgen sehr begrüßt.

"Inline" heißt ja eigentlich soviel wie "In Linie fahren", aber wem schon einmal eine Horde dieser X-beinigen, albernen Plastikbomber, entgegen geeiert gekommen ist, der weiß, dass kaum einer von diesen Modesportlern auch nur annähernd in der Lage, ist eine *gerade Linie* zu fahren.

Auch die Wortschöpfung "Rollerbladers" wurde offensichtlich mit Bedacht gewählt, da die ursprüngliche Bezeichnung "Rollschuhfahren" sehr große Ähnlichkeiten mit dem Begriff des "Rollstuhlfahren" hat.

Und in einem Solchen enden nicht wenige dieser rollenden Asphaltrowdies - natürlich nicht, ohne auf ihrer Kamikazefahrt noch ein paar unbeteiligte Passanten mit in die körperliche Versehrtheit gerissen zu haben.

Eine Klingel wird auch hierbei selten genutzt, obwohl der Fachhandel Warnglöckchen für Handgelenk und Mittelfinger anbietet.

Zusammenfassend muss man wohl zu der Einsicht kommen, dass die Suche nach dem ultimativen Kick, nach Gefahr für Leib und Leben, bis hin zur finalen "Entleibung", offensichtlich in der menschlichen Geschichte wurzelt und somit genetisch bedingt ist (Dies wurde kürzlich von einem amerikanischen Wissenschaftler nachgewiesen).

Und da es heutzutage eben nur noch eher selten vorkommt, dass wir uns mit Hyänen und Wölfen um ein leckeres Stück Aas kloppen müssen, dass des Nächtens ein Bär auf der Höhlenmatte steht oder dass einem Mammut auf den haarigen Rüssel gehauen werden muss, sucht der verweichlichte Mensch der Neuzeit sich die Gefahr halt woanders.

Es ist ja schließlich nicht ganz so, dass unsere "schöne neue Welt" keine alltäglichen Gefahren mehr in sich birgt - nein, das Naturgesetz der "Selektion" hat auch in der Neuzeit bestand.

Der Faktor "wildes Tier" wird heute nur durch eine Vielzahl von anderen Faktoren substituiert.
Dazu gehören nächtliche Fahrten mit der U-Bahn, Kaffeefahrten auf dem Balkan, ungeschützter Geschlechtsverkehr mit Rindern, Dauerbeschallung durch „Modern Verkalkt", Fast-Food, etc.

Im Gegensatz zu dem Menschen der Urzeit, welchen der Tod oft sehr schnell ereilte (Stammesfehden, Kannibalismus, Raubtiersnack, Blitztod), ist der Tod der Neuzeit ein ungleich langwieriger Prozess, der sich im Vorfeld des eigentlichen Ablebens durch eine Vielzahl hausgemachter Zivilisationskrankheiten langsam ankündigt.

Beispiel Eins:

IMPOTENZ

Kaum ein anderer Begriff vermag es, die Männerwelt in vergleichbarer Form in Angst und Schrecken zu versetzen. Ist doch der Geschlechtstrieb für viele Würstchenträger der einzige Urtrieb, den man noch voll ausleben kann, es sei denn, tja, es sei denn, man ist IP und lebt deshalb in ständiger Angst, von seiner Frau, Freundin oder Verlobten, zu allem Überfluss auch noch in aller Öffentlichkeit, geoutet zu werden (Aus Rücksichtnahme auf die sensiblen Weicheier, wird im weiteren Verlauf der Ausführungen das Kürzel IP verwandt).

„Wusstet ihr eigentlich, dass Herbert schon lang keinen mehr hoch kriegt?" oder „Mein Udo hängt nicht nur in der Kneipe ab" oder „Peter und ich fahren in Urlaub - da kann er dann auch noch die Seele baumeln lassen" oder „der Dirk macht gerade eine Fortbildung zur "Einführung in die Schlappemathik" oder „der Lieblingsfilm von meinem Mann ist "Das Schweigen der Hämmer" oder „Wenn Ingo, Hertha, Härter" brüllt, guckt er kein Fußball, sondern liegt im Bett und hat wieder einmal ein Problem mit seinem nur unzureichend erigierten Glied.

Besonders boshafte Weibsbilder garnieren diese oder ähnliche Äußerungen noch mit einem nachgeschobenem "hihihihi", und schon ist der Abend gerettet, und der von IP betroffene, *steht* zumindest für den Rest der Veranstaltung im Mittelpunkt des Interesses.

Den auf diese Art und Weise gedemütigten Pullermänneken bleibt dann meist nichts anderes übrig, als sich möglichst schnell zu besaufen, um dem Hohn und Spott der Anwesenden zu entrinnen.
Diese Form der Bewältigung von IP erweist sich aber nicht selten als ein Schuss, der nach unten losgeht, denn oft leiden IP-geschwächte Männer zusätzlich auch noch an einem latenten Prostataschaden und unter Inkontinenz.

Ein Höhepunkt besonderer Art ist es, wenn der leibhaf-te, "Running Gag" des Abends sich vor versammelter Mannschaft auch noch in den Anzug pisst!

Der übermäßige Alkoholgenuss führt nämlich dazu, dass die normalerweise nicht zu beeinflussenden Kör-perreflexe (gesteuert durch den sog. Para-sympathiekus) vollkommen außer Rand und Band geraten.

Noch erfolgversprechender als eine nasse Hose ist in vielen Fällen eine durch einen Warnstreik des "End-darm-Pförtners" bedingte, vollgeschissenen Hose.

Derartige Eskapaden führen kurz über lang zu einer totalen Isolation der Zielperson und enden fast immer unter irgend welchen Brücken und schlussendlich auf einer ganz besonders hohen Brücke. Und Tschüss!

Zum Glück für viele Millionen IP- Geschwächte haben (offensichtlich ebenfalls betroffene) männliche Wissen-schaftler ein Mittelchen gegen die Hängepartie im Sexu-alspiel notgeiler Waschlappen erfunden. Die Rettungskapsel VIAGRA!!

Dieses rautenförmige, blau gefärbte Dragée, ist in der Lage, jedem noch so verrunzelten Gemächt wieder Le-ben einzuhauchen.

Gepriesen sei, was hart macht: Viagra, der Dauerlut-scher für gefrustete Ehefrauen und Mätressen.

Tatsächlich beweist die extreme Nachfrage nach dieser Potenzpille zum einen, wie viele Schlappsäcke ein "Hoch" nur noch aus dem Wetterbericht kennen, und zum anderen, dass immer mehr Bundesbürger eher als sexuell verklemmt einzustufen sind.

Für diese Tatsache spricht auch, dass die Telephonsex-Anbieter mittlerweile astronomische Gewinne erstöhnen, obwohl 99% aller Männer, laut eigener Aussage, es überhaupt nicht nötig haben zu "Telekommen". Dank Viagra werden die für sexuelle Nullen so bedeutenden Null-Hundert-Neunziger Nummern in Zukunft wohl noch größere Gewinne einstreichen. Die Pharmaindustrie scheut offensichtlich keine Kosten und Mühen, uns den Schritt in das nächste Jahrtausend mit vielen bunten Smarties zu versüßen.

Im wahrsten Sinne des Wortes: Viagra, die Auferstehung der Männlichkeit oder die Rettungskapsel für alle Pillemänner!

Beispiel Zwei:

DEKADENZ

Die Zivilisationskrankheit, die über kurz oder lang zum Exodus der gesamten menschlichen Rasse führen wird, ist unumstritten die Dekadenz.

Seit Beginn der Schöpfungsgeschichte trat diese Krankheitsform besonders dann auf, wenn sich sogenannte Hochkulturen entwickelt hatten - besser - Gesellschaftsformen, die sich selbst als besonders fortschrittlich und intelligent und unfehlbar bezeichneten.

Selbst Krankheiten wie Pest, Ebola oder Domian wirken im Vergleich zu den apokalyptischen Auswirkungen der Dekadenz wie eine Gegenüberstellung von Schnupfen und Hodenkrebs.

Einem riesigen Karzinom ähnelnd zerfrisst die moderne Dekadenz unaufhaltsam unseren einst so idyllischen Erdball.

Der Mensch als Individuum verhält sich hierbei genau wie eine einzelne Krebszelle, die mit ihren Tentakeln auf all die anderen Krebszellen zeigt und leise vor sich hin murmelt: "Die waren es".

Simma doch 'mal ehrlich! Die Geschichte hat uns schließlich gelehrt, woran die meisten Hochkulturen zugrunde gegangen sind: nämlich an selbstüberheblicher Dekadenz und ihrer "Nach-mir-die-Sintflut- Mentalität!

Wie es sich nun aber für ein Paradebeispiel eines Neuzeit-Menschen gehört, ziehen wir es vor, uns hinter einer Mauer aus selbstgefälliger Ignoranz zu verstecken, denn wenn man in schlechten Zeiten eines nicht gebrauchen kann, dann sind das klugschwätzende Schwarzmaler, die einem ein schlechtes Gewissen einreden wollen.

Schließlich sind <u>wir</u> ja nicht für all´ das Elend auf dieser Welt verantwortlich, sondern schlichtweg nur bemüht, uns ein schönes Leben zu machen, genau wie alle anderen auch.

Jeder ist seines Glückes Schmied und sich selbst der Nächste, so steht es schon in der Bibel geschrieben.

Es ist ja auch nichts Verwerfliches an der Tatsache, dass jeder versucht, sich ein schönes Leben zu machen, denn das ist ja bekanntlich sehr kurz. Auch wenn dieser Egotrip heutzutage nur noch auf Kosten anderer geht.

Doch das machen ja alle so, und ändern können wir kleinen, atombetriebenen Lichter ja sowieso nichts.

Sicher haben wir schon mal etwas über den Exodus der Tropischen Regenwälder gehört, aber unser kleines Teakholzschränkchen im Schlafzimmer macht den Braten ja wohl auch nicht fett.

Gut, der Wintergarten ist Ebenholz aus tropenfalls, aber der Händler hat uns unaufgefordert bestätigt, dass die Balken aus rein biologischer Bodenhaltung stammen, und dass schließlich viele Menschen in den Dritte-Welt-Ländern vom Handel mit Holz leben.

So gesehen sind wir einmal mehr Entwicklungshelfer!

So sieht es doch 'mal aus, wenn man hinter die Kulissen guckt!

Außerdem haben all' unsere Nachbarn auch Wintergärten aus Meranti oder Teak. Wenn man schon anfängt rumzumosern, von wegen "Grüne Lunge der Welt" und so weiter, dann fangen sie aber bitte bei den Nachbarn an.

Wir wollten ja eigentlich gar keinen Wintergarten, aber es war ja schon peinlich, dass alle so ein Ding hatten, nur wir nicht. „Meine Frau traute sich ja schon nicht mehr zum Friseur!"

An den spitzen Bemerkungen der Bridge-Freundinnen wäre die Herrin des Hauses kurz über lang seelisch zerbrochen. Also haben sie kurzerhand den mit Abstand größten Wintergarten in der Siedlung auf ihr Grundstück wuchten lassen, und als kleine Rache noch schnell einen sündhaft teuren Seychellen-Urlaub für die ganze Familie gebucht.

Der Triumph ihrer Frau war phänomenal und das gesellschaftliche Ansehen auf Anhieb wieder hergestellt. Und da wir gerade bei dem Thema sind, unter uns gesagt: Das ganze Gerede von wegen Saurem Regen, Ozonloch, Polkappenschmelze, Klimakatastrophe, Treibhauseffekt und all dem ganzen Humbug - ist doch nichts anderes als reine Panikmache von Hausbesetzern, Autonomen und Körnerfressern.
Von wegen globaler Temperaturanstieg, der letzte Sommer und auch der diesjährige Winter sprechen ja wohl eher für eine nahende Eiszeit.

Genau so verhält es sich auch mit der Atomkraft.

Noch vor Jahren gehörte es einfach zum guten Ton, Atomkraft-Nein-Danke-Aufkleber auf der Stirn zu tragen, aber selbst die Windbeutel, Wasserköppe und Sonnenanbeter haben mittlerweile gelernt, dass es ohne Strom aus der Steckdose weder möglich ist, die progressive Liederkunst von W. Biermann zu hören, noch die leckeren Grünkernfrikadellen oder Tofuplätzchen für den allabendlichen, alternativen Gesprächskreis zuzubereiten, und ohne strombetriebene Kühlschränke gehen die Hefekulturen für das selbstgebackene Sauerteigbrot ebenso elendig zugrunde wie der Kefirpilz, den sie sich extra aus der tiefsten Mongolei haben einfliegen lassen.

Getreu dem Motto, "Lieber reich und schön, als arm und krank" lebt es sich in dieser Welt einfach viel angenehmer.
Luxus ist nun mal "IN" und obwohl Kinderarbeit verpönt ist, ist der Teppich im Kaminzimmer nur deshalb so schön flauschig, weil kleine Hände einfach viel feinere Knoten knüpfen können.

"Lebe im Luxus und sorgenfrei; -
sei dekadent und hab' Spaß dabei!"

Und überhaupt, nehmen wir doch 'mal die Tierschützer. All die schizophrenen Katzenmütter, in deren Wohnung der Uringeruch von tausenden läufigen Katern den Putz von den Wänden haut; All´ die "Kröten-über-die-Straße-Helfer" die beim Anblick eines sauber plattgefahrenen Frosches einen Nervenzusammenbruch erleiden; Oder die Radikalvegetarier, die sich aufgrund von Mangelernährung kaum noch auf den Beinen halten können und ständig derartige Blähungen haben, dass der Vergleich mit einem Senfgasangriff nicht sonderlich hinkt, bzw. stinkt.

Einmal ganz davon abgesehen, haben sie den Elefanten von dem das Elfenbein für ihre Billardkugeln stammt, schließlich nicht selbst erschossen - und selbiges gilt auch für die räudigen "Kuscheltiere", von denen all´ die schönen Pelze für ihre Frauen stammen. Alles purer Neid der Besitzlosen.

Hätten unsere Vorfahren auch nur annähernd so einen Aufstand gemacht, würden wir heute noch bucklig und total behaart auf irgendwelchen Bäumen abhängen, Bananen fressen und uns gegenseitig die Läuse aus dem verranzten Pelz zupfen.
Die Dekadenz ist Höhepunkt und Endstation zugleich - ein für immer mehr Menschen erstrebenswerter Abgang von der Bühne des Lebens - wie ein Schlaganfall beim Ficken.

Beispiel Drei:

WISSENSCHAFT UND TECHNIK

Die schlimmste Zivilisationskrankheit, mit deren Auswirkungen wir alle am meisten zu kämpfen haben und durch die wir uns schlussendlich selbst atomisieren, ist der Forschungsdrang unser selbsternannten Einsteinchen.

In Amerika, bekanntlich dem Land der unbegrenzten Möglichkeiten, wagt zur Zeit ein offensichtlich größenwahnsinniger Wissenschaftler namens Seed den Vorstoß in eine neue Dimension.
Laut Aussage des Amerikaners ist es nun an der Zeit veraltetes, ethisch- und moralisches Gedankengut gänzlich über Bord zu werfen und endlich den Schritt in ein neues Zeitalter zu wagen.

Vergesst Gott, macht Euch frei von Mendel und Darwin, die Evolution ist beendet, die zukünftigen Menschen werden neuerdings die direkten Nachkommen von affenähnlichen Wesen - nämlich von fleißig klonenden Forschern sein.

Diese neuzeitlichen Primaten zeichnen sich in erster Linie durch eine exorbitante Selbstüberschätzung und einer ebenso stark ausgeprägten Profilierungsneurose aus.
Ebenso selbstverständlich wie die diversen Automobil Hersteller alljährlich ihre Neuentwicklungen anpreisen verkünden sie mit Stolz geschwellter Brust, dass man in Kürze mit der industriellen Fabrikation von menschlichem Leben beginnen wird.

Nach Schaf Dolly folgt jetzt Klein-Olli.

Oh segensreicher Fortschritt:
Vorbei sind die Zeiten, in denen man dem genetischen Zufallsprodukt seiner eigenen Überraschungseier hilflos ausgeliefert war. Vorbei die Zeiten, in denen sich Tanten und Onkels darüber stritten, wem das kleine süße Balg nun ähnlicher sieht.
Prinzessin Di für alle, geklonte Berühmtheiten und Genies für jedermann, vorausgesetzt man kann sich diese moderne Form der "Spiegeleier" leisten, denn ganz billig wird der Spaß nicht werden.

Diese neuzeitliche Form der Genesis eröffnet ungeahnte Möglichkeiten und setzt die seit langem medizinisch bekämpfte "natürliche Selektion" der menschlichen Rasse endgültig außer Kraft (zumindest bei den noch finanzkräftigen Deppen unter uns).

So könnte man zum Beispiel diverse Einzelkinder-Duplikate in eigens dafür eingerichteten Internaten, parallel aufwachsen lassen, um im Falle von Unpässlichkeiten wie Krankheit und Tod, noch ein oder besser zwei Dummies in Petto zu haben.

Man stelle sich nur die Unsummen vor, die sich mit den Copyright-Rechten von Arnold oder Rambo verdienen lassen würden.

Gut situierte, expansionssüchtige Diktatoren könnten sich innerhalb von nur 18 Jahren riesige Armeen zusammen klonen, Fabrikbesitzer ihre eigene Belegschaft und Sportbegeisterte ihre eigene Fußballmannschaft.

Ganz davon zu schweigen, dass man sich langfristig nicht mehr so viele verschiedene Namen und Gesichter merken muss.

Zeitversetztes Klonen würde es zum Beispiel uns Männern erlauben, die in die Jahre gekommene und dadurch etwas faltig gewordene Ehefrau, nach 10, 15 oder 20 Jahren durch ein entsprechend jüngeres Modell zu ersetzen.

Für die etwas Konservativeren unter uns, die trotz der ungeahnten Möglichkeiten gemeinsam alt werden möchten, sollte aber auf alle Fälle eine ordentliches Ersatzteillager geklont werden, für den Fall, dass mal was kaputt geht oder eben nur für die "normalen" Verschleißteile.

Bei Bedarf kann dann jeder das entsprechende Teil bei der Deutschen Samenbank von seinen K(l)onto abbuchen lassen.

Für den kompletten Austausch vollständiger Individuen müssten, sinnvollerweise, gefängnisartige Silos angelegt werden, in denen die entsprechenden Duplikate in sogenannten "Ei-Zellen" auf ihren Einsatz warten und bei Bedarf von speziell ausgebildeten "Ei-Leitern" zu den Ausgabestellen (Ersatzkassen) gebracht werden.

Also, auf zu neuen Ufern!

Leider, und darauf verwette ich meine letzte männliche Samenzelle, werden schon in Kürze die ersten Clowns vom Band laufen, da sich mit dieser Abartigen Idee einmal mehr viel, viel Geld verdienen lässt und der "Profit" ist nun mal bekannterweise das Maß aller Dinge.

In die selbe Richtung geht auch ein weiteres, Millionenmark teures Forschungsprojekt englischer Wissenschaftler:

DER ENTBINDUNGSFÄHIGE MANN!

Knapp neunzig Jahre Frauenbewegung haben ihre Spuren in der Gesellschaft hinterlassen. Kaum ein Beruf, kaum eine Sportart, in der Frauen im Zuge der Gleichberechtigung noch nicht Einzug gehalten haben.

Laut einer neueren Studie hat heutzutage schon jeder zweite Mann ein schlechtes Gewissen im Stehen zu pissen.

Bei der Frage nach dem Berufswunsch antworten mittlerweile fast 80 Prozent der männlichen Heranwachsenden mit Kindergärtner oder Krankenpfleger, während bei den jungen Frauen Pilotin, Lokomotivführerin und Feuerwehrfrau die am häufigsten geäußerten Berufswünsche sind.

Unglaublich aber wahr.

Ob dieser Entwicklung haben sich offenbar tief frustrierte und erklärlicherweise männliche Wissenschaftler, daran gemacht, erbarmungslos zurück zu schießen und zu retten, was zu retten ist.

Nachdem die vorsichtigen Rufe nach Gleichstellungsbeauftragten und Quotenmännern in den Chefinnen-Etagen ungehört verhallt sind und allenfalls ein müdes und mitleidiges Lächeln hervorgerufen haben, werden jetzt härtere Geschütze aufgefahren.

Offensichtlich angeregt durch die Bierbäuche gefrusteter Kollegen, kam ein findiger Forscher auf die ultimative Racheidee.

Berauben wir doch die Frauen um eine ihrer ureigensten Eigenschaften:

Nämlich der Monopolstellung, neues Leben in die Welt zu setzen. Getreu dem Motto: "Mann ohne Bauch ist ein Krüppel" oder "Mein Bauch gehört mir", entbindet sich die Männerwelt vom größten Druckmittel der

Frauen: "Willst du mich nicht ehren...., werd' ich nicht gebären!"

Auf diese Art und Weise sind schon ganze Dynastien sang - und klanglos von der Bildfläche verschwunden.
Aber jetzt ist Schluss damit, Feierabend - und zwar ein für alle mal!

Wir Männer brauchen keine Frauen mehr, die uns in der prä- und postnatalen Phase und überhaupt immer und überall tyrannisieren!
Dank Wissenschaft und Technik erlangen wir Männer endlich die physiognomische Autonomie und entsagen der Jahrtausende alten, genetisch bedingten Unterjochung durch die Frau.
Einfach einen Embryo in die Bauchhöhle umgesiedelt und nach neun Monaten ist Mann stolzer Besitzer eines "self-made" Kindes, das (natürlich) mittels Kaiserschnitt auf die Männerwelt geholt werden muss. Alle anderen Ausgänge sind zur Zeit noch zu eng, aber wird noch dran gearbeitet, versprochen.

Also Männers, machen wir uns unseren Nachwuchs selbst! Teilnahme an Schwangerschaftskursen mit Erlernen der richtigen Atemtechnik, Schwangerschaftsgymnastik, Vaterschaftsurlaub, Babyjahr, nie mehr Alimente zahlen müssen, Väter-Genesungswerke, übersichtlichere Stammbäume, keine ungewollten Schwangerschaften mehr, und, und, und!

"Zwischen Leber und Milz, passt nicht nur ein Pils!
Männer lasst es uns wagen, denn zwischen Dickdarm und
Magen ist auch noch Platz für die Blagen!"

Nun denn, machen wir uns die Welt untertan und manifestieren wir endgültig unseren Ruf als größenwahnsinnige, apokalyptische Parasiten.

Es wird nicht nur am Menschen selbst kräftig rumgedoktert, nein, auch unser täglich Brot ist Angriffsziel und ein weiteres Versuchsfeld für unsere geistig immer mehr abdriftenden Wissenschaftler.

Vergleichbar einem Schimpansen, der mit einer Rohrzange eine Armbanduhr repariert, genmanipulieren unsere todesmutigen Wissenschaftler unsere Lebensmittel zum Zwecke utopischer Ertragssteigerungen, oder einfach nur einer besseren "Optik" wegen, auf jeden Fall aber, um der Wirtschaft einen immer größeren Profit zu sichern.

Das Auge isst ja schließlich mit, und der Konsument kauft und frisst eben nur Produkte, die lecker aussehen, auch wenn Geschmack und Nährwert gegen Null gehen.

Und da alle Lebensmittel aufgrund der Genmanipulation ihre Vitamine und Nährstoffe verloren haben, müssen Lebensmittel mit einer Vielzahl "naturidentischer" Ersatzstoffe wieder aufgepäppelt, mit Lebensmittelfarbe koloriert oder mit "naturbelassenen" Konservierungsmitteln wie Benzol- oder Sorbinsäure haltbar gemacht werden.

Auch Joghurt ist heute nicht mehr <u>nur</u> einfach Joghurt.
Ohne (genmanipulierte) Bakterienkulturen, die sich offensichtlich mit einem lustigen Lied auf den Lippen ständig links oder rechtsrum im Kreis drehen müssen, ist moderner Joghurtgenuss gar nicht mehr denkbar.
Nur durch den gezielten Zusatz von diversen Laktosen, Lackdosen und Laktasen, hat sich ein profanes Milchprodukt zu einem "Orgasmus für die Darmflora" entwickelt.

Bei der Vielzahl der ach so gesunden Säfte verhält es sich auch sehr ähnlich.
Da unsere Früchte offenbar durch Überzüchtung und monokulturellem Anbau alle Inhaltsstoffe verloren haben (dafür aber so richtig lecker aussehen), ist der Fruchtsaft der Neuzeit mit einer Vielzahl von "naturidentischen" und äußerst gesund klingenden Zusatzstoffen wie ACE, DDT, PVC oder was weiß ich, angereichert. *Na dann, PROST!*

Um von dem Geschmack holländischer Tomaten abzulenken, die - besonders des Winters - so schmecken wie ein leuchtendroter, mit Brackwasser gefüllter Luftballon, bietet man für den gesundheitsbewussten Kunden neuerdings sogenannte "Strauchtomaten" feil.
Eigentlich war ich bis dato der Meinung, dass alle Tomaten an Sträuchern wachsen, aber ich lasse mich gerne eines Besseren belehren und kaufe ebenfalls nur noch die "gesunden" Strauchtomaten aus rein biologischem Anbau ...!

Am liebsten aber konsumiere ich Eier von "glücklichen Hühnern aus artgerechter Bodenhaltung".

In jeder zweiten Packung findet man neuerdings ein mit Hühnermist beschmutztes Ei oder gerne auch mal eine echte Feder!

Sozusagen als Beweis dafür, dass diese oft nur noch nach Fischmehl schmeckenden Ovarien auch wirklich von emsigen und stets gut gelaunten Hühnchen produziert wurden?

Erstens bezweifle ich sehr stark, dass ein Huhn, welchem man tagtäglich das ungeborene Leben unter dem Arsch wegstiehlt, über diesen Umstand "glücklich" sein kann;

Zweitens zählen Hühner meinen Recherchen zufolge zur Gattung der Vögel! - Vögel fliegen! (Während Fliegen meistens vögeln).

Also wie, bitte schön, kann dann eine zwanghafte Bodenhaltung dieser Tiere "artgerecht" sein.

Dies ist in etwa so widersinnig, als würde man bei der Schweinezucht von "artgerechter Flughaltung" sprechen!

Manchmal glaube ich einfach, die Marketingmanager der Lebensmittelindustrie halten uns alle für total bescheuerte Allesfresser. Aber offensichtlich haben sie damit ja auch noch Recht.

Der durchschnittliche Nährwert eines Hamburgers ist ja in der Tat mit dem Nährstoffgehalt einer Restmülltonne zu vergleichen, nur ungemein fetthaltiger und aufgrund der unzähligen Geschmacksverstärker etwas wohlschmeckender.

Aber dank des Einfallsreichtums unserer Werbestrategen wird man wohl auch zukünftig den größten Lebensmittelschrott mit Hilfe "probiotischer" Werbekampagnen an den Mann, respektive die Frau bringen. *WOHL BEKOMM'S!*

Beispiel Dreieinhalb:

POLYTOXIKOMANIE ?

Der Konsum von narkotisierenden und subjektiv beglückenden Rauschmitteln aller Art ist seit jeher untrennbar mit der Evolutionsgeschichte der Menschen verbunden.

In den hochtechnisierten Industriestaaten haben sich vor allem Alkohol und Nikotin zu gesellschaftlich "voll"-akzeptierten Rauschmitteln entwickelt.

Diese sogenannten legalen Drogen sind zwar jährlich für den Tod von ca. 100.000 Menschen verantwortlich, aber irgendwie interessiert diese Tatsache keine Sau. Schließlich hat man "das Trinken ja voll im Griff" und Lungenkrebs kriegen sowieso nur die anderen.

Sehr beliebt und offensichtlich bekannt wie ein bunter Hund ist der Bekannte einer Bekannten, der obwohl er sein Leben lang keinen Tropfen Alkohol anrührte und keine einzige Zigarette geraucht hat, kürzlich elendig an Krebs gestorben ist.

Alkoholismus generell und darüber hinaus insbesondere die stark unterschiedliche Auslegung des Suchtbegriffes, geben manchmal Anlass zum schmunzeln.

So werden vor allem Männer, die Alkohol in rauen Mengen und ohne sonderliche Ausfallerscheinungen vertilgen können, fast ausschließlich als "tolle Hechte" bezeichnet, die „'nen ordentlichen Stiefel" vertragen können.
Trink doch eene mit, auf einem Bein kann man nicht stehen, denn ein Bierchen in Ehren kann niemand verwehren. *Trinken ist das Lachen der Götter.*

Besonders all diejenigen, die ganz bewusst nicht Bier, Sekt oder Schnaps, sondern nur Bierchen, Sektchen und Schnäpschen trinken, haben unzweifelhaft ein schweres Alkoholproblem.
Besonders die Männer neigen stark dazu, mit der Fähigkeit besonders viel Alkoholika in sich hineinschütten zu können zu kokettieren. Schließlich wirkt ein Whisky trinkender und Zigarre rauchender Mann ja auch ungleich männlicher, als irgend so'n Weichei, welches sich in der Kneipe 'ne warme Milch bestellt und verlegen an den Fingernägeln kaut, oder!

Verantwortlich für solche Art von Assoziationen ist einzig und allein die Werbung, beziehungsweise die Alkohol- und Zigarettenindustrie, die natürlich darauf bedacht ist auch weiterhin Millionengewinne einzustreichen.

Auch würde wohl nie jemand darauf kommen, eine Kampagne gegen die Pharmaindustrie zu starten, um auf die Millionen Tablettensüchtigen in unserem Land aufmerksam zu machen, denn das würde ja Arbeitsplätze gefährden.

Stichwort Tablettensucht, hier beschrieben am Beispiel von Bernard P., einem Mann im besten Alter.

Nach einer, dank einem Röhrchen Schlaftabletten, halbwegs geruhsamen Nacht, muss Herr P. morgens erst einmal eine höhere Dosis Aufputschmittel oral verköstigen, denn der Tag verspricht wieder hart zu werden.

Das Spülen mit hochprozentigem Alkohol als Katalysator beschleunigt und erhöht die Wirkung ungemein.

Um die hyperaktiven Auswirkungen und das gemeinsame Frühstück mit der Ehefrau schadenfrei zu überstehen, werden gekonnt unauffällig und schnell noch ein paar Valium hinterher gewürfelt.

Die Konzentrationsfähigkeit "auf" der Arbeit erfährt durch die Beigabe von Beta-Blockern eine angenehme Aufwertung. Eine Packung Appetitanreger als chemischer Aperitif - und dem Mittagessen in der Kantine steht nichts mehr im Wege.

Die sinnlose Völlerei schreit förmlich nach einem Magenmittel gegen Sodbrennen und Aufstoßen, an dessen Geruch man sonst unschwer das Arrangement des Verzehrten erkennen könnte.

Gegen die Müdigkeit nach einem guten Essen, gibt es keine Siesta, sondern eine Mischung aus vielen bunten

Pillen, die Bernard seinem zwölfjährigen Sohn aus der Schultasche stibitzt hat.

Auf Rat der eigenen Frau werden diese Lustigmacher in Verbindung mit Aspirin Plus C geschluckt, denn Vitamine braucht der Mensch. Derart gut gelaunt wird dann heimlich eine Viagra ge-, und schon kurze Zeit später die neue Sekretärin vernascht.

Prophylaktisch, aber ebenso versehentlich wird ein Penicillinzäpfchen geschluckt, da man sich ja nichts "holen" will.

Da Viagra zwar den Ständer härtet, aber nicht gleichzeitig das Herz-Kreislauf-System stärkt, wird vorsichtshalber auch noch etwas Epo konsumiert (Nach den Skandalen um die Tour de France konnte Bernard eine größere Charge dieses Wundermittels günstig erwerben).

Derart vollgepumpt aber dafür mit leeren Eiern wäre die Nachhausefahrt ohne ein starkes Beruhigungsmittel gar nicht zu bewältigen.

Dort wird es dann zirka einmal im Monat richtig brutal, denn Bernard wird immer kurz vor der Monatsblutung seiner Frau zu seinen ehelichen Pflichten genötigt.

Da hilft dann wirklich nur noch Viagra intravenös, was kürzlich aufgrund akuter Blutleere im Bernards Kopf, fast zu einem Hirnschlag geführt hätte. Nur das sofortige Stoppen der Blutzufuhr konnte mittels mehrerer Einmachgummis schlimmeres im letzten Augenblick verhindern.

Zufrieden, aber wiederum mit schmerzhafter Fehlhandhabung eines Röhrchens Schlaftabletten, welches sich

Bernard im benebelten Zustand abends routinemäßig anal einführt, schläft unser Held friedlich, meistens auf den Fliesen im Bad oder neben dem Bett ein, je nachdem, wo er gerade zusammenbricht.

An diesem beispielhaften Tagesablauf verdient die deutsche Pharmaindustrie über den Daumen DM 235,40!

Als Ablenkungsmanöver werden deshalb parallel sämtliche andere Drogen kriminalisiert und auf das übelste verteufelt.

Jeder harmlose Kiffer ist automatisch ein total kaputter Drogensüchtiger, der "unserer" Wirtschaft durch die sogenannte Beschaffungskriminalität einen Millionschaden zufügt und vor dem es die Gesellschaft rigoros zu schützen gilt.

Wer kennt sie nicht, die langhaarigen Blumenkinder, die gitarreklampfend in den städtischen Parks abhängen, riesige Joints rauchen und Nietzsche lesen.

"Bewusstseinserweiterung" im Kreise gleichgesinnter Nirwanajünger zwischen Gänseblümchen und Erbrochenem - nur unterbrochen, durch hysterische Lachkrämpfe und Hustenanfällen der Neueinsteiger.

Was ist das für eine Welt geworden, in der selbst ein Expräsident einer führenden Weltmacht, offen zugeben darf schon gekifft zu haben.

Jajaja, ich weiß, er hat zwar einen Joint geraucht, aber nicht inhaliert; - Sie hat zwar geblasen, aber nicht geschluckt. No Sir, I do not believe in you!

Dass aber gleichzeitig in nur einer Folge von Dallas auf dem Südgabelhof acht Gallonen Whisky weggeputzt werden, interessiert selbst die prüdesten Amis nicht im geringsten.

Und dies alles ist toleriert, obwohl Trinken in der Öffentlichkeit der USA eigentlich strafbar ist, es sei denn, man verpackt den Alk in eine braune Papiertüte. Trinken ist eben nicht gleich trinken. Genau wie bei uns.

Wer sich in gepflegter Atmosphäre, zum Beispiel bei seinem Lieblingsitaliener, den Arsch gnadenlos mit literweise Chianti und Grappa zusäuft bzw. zusaufen kann - molto Lira -, ist chic und natürlich auch gern gesehener Gast.

Wer das Gleiche mit Tütenwein und Korn in einem öffentlichen Park macht, ist ein asozialer Penner.

Ebenso chic und ungemein cool, ja geradezu notwendig, ist es, sich in Schauspielerkreisen die Nase mit kiloweise Koks zu pudern.

Weniger trendy und meist auch weniger schön anzuschauen sind Junkies, die sich in bepissten Bahnhofsklos einen gepflegten Heroinrausch verpassen.

Das sind nur zwei Beispiele für Drogenkonsum und dessen komplett unterschiedliche Bewertung seitens unserer Gesellschaft. Aber wer bestimmt, was gute Drogen und was böse Drogen sind?

So ist in den Augen der alkoholabstinenten Muslime ein gewöhnlicher deutscher Biergarten ein gottloses Sündenbabel, während es für uns wiederum unvorstellbar erscheint, den ganzen Tag kiffend unter irgend einer Dattelpalme abzuhängen oder auf einer chinesischen Dschunke ein Opiumpfeifchen nach dem anderen zu rauchen.

Im Mittelalter landeten Menschen, die sich mit Kräutern und Pflanzen gut auskannten, auf dem Scheiterhaufen und wurden als Hexen und Zauberer verbrannt.

Heute sind diese sogenannten Homöopathen angesehene Bürger und verdienen ein Schweinegeld.

Andere Zeiten, andere Sitten. Vielleicht wird in zwanzig Jahren ein Junkie als Kanzlerkandidat vorgeschlagen oder ein tablettensüchtiger Schwerstalkoholiker wird Bundespräsident, oder gar ein Exterrorist Außenminister!?

Bereits bewiesen ist, dass Wodka saufende Tattergreise ohne weiteres Staatspräsidenten werden können und weltweit Anerkennung finden.

Die umstrittenste Droge unserer Tage ist jedoch zweifellos DAS NIKOTIN!

Tabak, die Rache der Indianer am weißen Mann, Zigaretten, der Geschmack von Freiheit, Abenteuer und blutigen Lungenstückchen; Zigarren, der Trostzapfen für Praktikantinnen; Zigarillos, die Trostzäpfchen für Anfängerinnen. Gelbe Finger, schwarze Zähne, Kehlkopfkarzinome und stinkende Klamotten, mokkafarbene Tapeten und Gardinen: gelobt sei der Tabak.

Ohne die inspirierende Kombination von literweise Kaffee und unzähligen Zigaretten, wär' auch dieses denkwürdige Buch nie geschrieben worden.

Böse Zungen behaupten, dass heute in vielen langjährigen Ehen der Beischlaf nur vollzogen wird, weil es dem Manne erlaubt, anschließend endlich einmal genüsslich im Schlafzimmer zu rauchen.

Leider war es aber nur eine Frage der Zeit, bis wir Deutschen es den US-Boys and -Girls nachmachten: Nieder mit allen Rauchern, stellt sie an den Pranger und schickt sie in die Verbannung, diese ekelhaften Umweltverpester mit den nikotingelben Fingern und Zähnen, die immer und überall den todbringenden blauen Dunst tief durch die teuer geteerten Lungen ziehen und ihn anschließend wie selbstverständlich in unsere Atmosphäre blasen.

Einer mittelalterlichen Hexenjagd gleich werden die Ignoranten des allgemeinen Rauchverbotes in öffentlichen Gebäuden, Büros und Nahverkehrsmitteln via Videoüberwachung und Rauchmeldern auch in den entlegensten Winkeln der Nation aufgespürt und bestenfalls zu einer saftigen Geldstrafe verdonnert, schlimmstenfalls von einer Meute Körnerfressern direkt vor Ort gelyncht. *Intoleranz vom Feinsten!*

Raucher hingegen sind (siehe Werbung), jungdynamische, ausnahmslos schöne Menschen, lebenslustig und rücksichtsvoll.

Ich, zum Beispiel, lösche auf Anfrage sofort meine Camel-Ohne (Filter), wenn sich jemand in der Sauna beschwert, dass er keine Luft mehr bekommt.

Außerdem habe ich es mir aus reiner Rücksichtnahme auf nichtrauchende Mitmenschen gänzlich abgewöhnt, in Kindergärten, Wartezimmern von Ärzten und im Sportstudio zu rauchen. Wer also, bitte schön, ist hier rücksichtslos?

Rauchen ist ein kulturelles Erbe, das gepflegt werden muss, und ich persönlich kann es mir nur schwer vorstellen, anstatt der berühmten "Zigarette danach", ein "Nimm 2" zu lutschen oder ersatzweise in einen Müsliriegel aus ökologisch / biologischem Anbau zu beißen.

Nichtraucher hingegen sind eine ernstzunehmende Gefahr für Leib & Leben und berauben den Staat um eine seiner größten Einnahmequellen, die seit Jahrzehnten unseren sozialen Frieden sichern. Und das in Zeiten wirtschaftlicher Rezession!
Ich nenne das Anarchie!

Ohne die Einnahmen aus der Tabaksteuer (ca. 4,90 DM von 6,00 DM der Kosten pro Packung kassiert schließlich Vater Staat), Mineralölsteuer und Spirituosensteuer wären wir schon längst pleite!
Apropos Mineralöl - der typische Nichtraucher fährt schon aus Prinzip uralte Rostbeulen ohne Katalysator, die Unmengen von Öl benötigen und mehr nebeln als ein kaputter ostdeutscher Trabbi.

I-Tüpfelchen ist der Schriftzug "Ich bremse auch für Tiere" und ein riesiger Aufkleber "Atomkraft - Nein Danke" auf dem Auto.

Wer jemals an einer Ampel hinter einem dieser Nichtraucherautos warten musste, weiß, wer hier die Umwelt belastet; - Im übrigen sichern Zigarettenraucher durch den Genuss dieser göttlichen Pflanze den Weltfrieden, da ganze Nationen, in Südamerika zum Beispiel, nur durch den Anbau und Verkauf von Tabakpflanzen überleben können.

Durch konsequente Desinformation wird die Bevölkerung in dem Glauben gelassen, Zigarettenrauchen wäre schädlich und würde auf Dauer unweigerlich den Tod zur Folge haben; lächerliche Panikmache und an einem Beispiel unschwer zu widerlegen:

In welchem Land unserer Erde werden die meisten Tabakstäbchen konsumiert?

Richtig, in China raucht so ziemlich jeder.

Und wo bitte schön leben erstens die meisten und zweitens die ältesten Menschen......?

Unumstritten ebenfalls in China! Noch Fragen?

Nicht zuletzt bleibt zu beachten, dass ohne das vielfältige und großzügige Sponsoring der sozial-engagierten Tabakkonzerne ganze Wirtschaftszweige elendig zugrunde gehen würden.

Unser Schumi, zum Beispiel, könnte nur in einem popplig umgebauten Fiat-Uno über den Nürburgring eiern, und auch die Krebsforschung wäre längst nicht auf dem hohen Niveau, würden wir Raucher uns nicht mehr oder weniger freiwillig und selbstlos als Versuchskaninchen zur Verfügung stellen.

Zum Wohle der deutschen Nation, waren, sind, und bleiben alle Nikotinknechte die selbstlosesten Mitglieder unserer Gesellschaft (An dieser Stelle möchte sich der Autor ausdrücklich für das großzügige Sponsoring der Tabakbranche bedanken, ohne welche dieses Pamphlet gegen die Nichtraucherlobby nie zustande gekommen wäre! Danke!).

Viertes und letztes Beispiel:

KAUFZWANG

Die mit Abstand am weitesten verbreitete und gefährlichste Krankheit der Neuzeit ist und bleibt der zwanghafte Konsumrausch. Insbesondere die Industrienationen sind mittlerweile flächendeckend mit diesem gefährlichen Virus infiziert.

Böse Zungen behaupten, dass dieser Virus zu Zeiten des "Kalten Krieges" in geheimen Labors der US-amerikanischen Geheimdienste gezüchtet worden ist, um als wirksame, nichtmilitärische Waffe gegen die damalige Sowjetunion und den angeschlossenen Staaten des Warschauer Paktes, zum Einsatz zu kommen.
Wer vor dem Mauerfall einmal in einen HO-Markt oder Konsum, zwischen den leeren Regalen gelustwandelt ist, versteht sehr gut, wie schnell dieses Virus in den kom-

munistischen Staaten zu einer Konterrevolution geführt hätte.

Leider ist dieses Virus mitsamt des genetischen Bauplans, aber auf unbekannten Wegen aus den Labors verschwunden, und kurz darauf war der gesamte Nordamerikanische Kontinent verseucht.

Von hier aus begann dann der Siegeszug rund um den Erdball und nur der antifaschistische Schutzwall verhinderte, dass sich der Virus in den sozialistischen Ländern ebenso blitzartig ausbreiten konnte wie in den nichtsozialistischen.

Leider ist nämlich dieser Virus aufgrund seiner Konstitution nicht in der Lage, höher als 2,50 Meter zu springen.

Staats- und Parteichef Ulbrich (der die anstürmenden Viren kommen sah und von der Stasi informiert worden war, dass diese keine "Räuberleiter" konnten), wies daraufhin die Arbeiter und Bauern an, den Schutzwall auf eine Höhe von 2,74 Meter zu ziehen.

Nur durch diesen Geniestreich hatte der gesamte Ostblock fast 30 Jahre Ruhe vor Problemen, die durch den Konsumrauschvirus entstehen.

Geheimdokumente, die dem Autor durch befreundete Untergrundkämpfer zugespielt wurden, belegen, dass es seinerzeit gewiefte Industriebosse waren, die den Virus aus dem Labor geklaut haben, da sie frühzeitig erkannt hatten, welche Unsummen sich mit einer gezielten Infizierung der Bevölkerung verdienen lassen würden.

Wie wirkungsvoll die natürlich heutzutage weiterentwickelten Mutationen dieses Urvirus immer noch funktionieren, hat man u.a. nach dem Fall des antiimperialistischen Schutzwalls im Jahre 1989 gesehen.

Nach einer sehr kurzen Inkubationszeit mutierten die Menschen des einstigen Arbeiter- und Bauern-Staates innerhalb kürzester Zeit zu konsumgeilen Egoisten, genau wie die Wessies 30 Jahre zuvor.

Überhaupt ist die sogenannte "Wiedervereinigung" bei genauer Betrachtung keinesfalls ein Verdienst politischen Handelns, sondern nur durch die Tatsache bedingt, dass die kapitalistischen Industriestaaten unbedingt neue Märkte erschließen mussten, um auch weiterhin ihre unnützen Konsumgüter loswerden zu können.

Auch die Kasachen möchten gerne Markensachen und die Kirgiesen schließlich Fliesen.

Selbst im wilden Kurdistan hat man gern Armani an, und besonders in der Mandschurei brauch man heut' Aletebrei.

Selbst das Tamagotchiei piept nun in der Mongolei und der Sohn vom Dschingis-Khan ruft gern mal mit dem Handy an.

Jedes Produkt, das heute neu auf den Markt kommt und millionenfach verkauft werden soll, wird einfach mit dem Virus in einer seiner vielen Erscheinungsformen infiziert, und verseucht so im Schneeballsystem und in rasender Geschwindigkeit ganze Landstriche und Nationen.

Wie sonst wäre es sonst zu erklären, dass Produkte wie oben genanntes Tamagotchiei und ähnlich lebenswichtige Dinge, innerhalb von nur wenigen Tagen milliardenfach verkauft werden, obwohl dieses Produkt selbst bei wohlwollender Betrachtung schlichtweg als "totaler Schwachsinn" bezeichnet werden muss?

Doch die gezielte Infektion lässt sich auch der allerletzte Müll an den Mann, respektive die Frau bringen.

Eine plötzlich auftretende Immunität würde unser "Wirtschaftssystem" innerhalb kürzester Zeit vernichten und Chaos und Anarchie heraufbeschwören.

In Virus veritas.

In welchem Ausmaß dieses Virus die eh' schon stark angegriffene Gehirnmasse von Konrad Konsument angegriffen hat, lässt sich besonders eindrucksvoll in der Vorweihnachtszeit beobachten. Die älteren Semester mögen sich vielleicht noch erinnern. Weihnachten, das Fest der Liebe und Besinnlichkeit. Stille Nacht, heilige Nacht, Friede auf Erden, Krieg in den Kaufhäusern!

Die einstmals höchste christliche Festivität ist zu einer mega-stressigen Konsumveranstaltung mutiert, der eigentliche Ursprung dieses Festes schon lange niemandem mehr bekannt.

So erntet man nebst heftigem Achselzucken auch sehr interessante Antworten bezüglich des Zeitpunktes, wann Weihnachten gefeiert werden sollte.

Hier nur einige der Topantworten:

Weihnachten ist wenn,
-   der Adventskalender leer ist;
-   Opa und Oma im Altenheim besucht
    werden müssen;
-   der Tiger von Eschnapur im Fernsehen
    wiederholt wird;
-   der Müllmann dreimal klingelt.

Alles zumindest ziemlich nah dran, wenn man bedenkt, dass jedes Jahr spätestens nach den Sommerferien und trotz 30° Celsius, in den Kaufhäusern Weihnachtsstollen, Spekulatius und Glühwein feilgeboten werden.

Mit kurzen Unterbrechungen wird von nun an kontinuierlich darüber gestritten, wann und vor allem wie lange, die jeweiligen Schwiegereltern eingeladen werden oder ob man vielleicht ausnahmsweise gänzlich darauf verzichten könnte.

Spätestens Ende September ist mit dem turnusgemäßen Anruf ihres Bruders zu rechnen, der sich frühzeitig mitsamt Anhang zum bevorstehenden Weihnachtsfest selbst einlädt, da er wie jedes Jahr, "mal wieder die Handwerker im Haus hat!"

Freundlicherweise werden sie darauf hingewiesen, dass zwei seiner fünf Kinder seit kurzem zu den Vegetariern konvertiert sind und die beiden kleineren unter einer hausgemachten Lebensmittelallergie zu leiden haben, so dass sich ihre Frau schon im Vorfeld Gedanken über einen entsprechenden Speiseplan machen kann. Nett, sehr nett.

Mit angeschlagenem Nervenkostüm begibt man sich in der verbleibenden Zeit Woche für Woche auf die Suche nach unzähligen und unnützen Weihnachtsgeschenken für Ehefrau, Kind, Kegel und natürlich für den Bruder.
Schmerzlich werden beim Tragen der schweren Einkaufstaschen die drei Finger vermisst, die Sie im letzten Jahr beim Kampf um ein billiges Messerset in einem der preiswerten Tschiboshops verloren haben.
Aber vielleicht haben Sie ja dieses Jahr wieder das unverschämte Glück, dass die fünf Kinder ihres Bruders im allgemeinen Trubel der Einkaufszentren und Fußgängerzonen verloren gehen und erst nach den Feiertagen aus den regionalen Kinderheimen abgeholt werden können.

Im Grunde kann Sie aber dieses Jahr nichts mehr schocken, schließlich haben Sie ihrer Frau die Kontovollmacht entzogen, selbstverständlich nur zum Schutz ihrer Angetrauten, denn bei der Kontrolle der nachweihnachtlichen Auszüge erlitten Sie im letzten Jahr einen schweren "Schlaganfall", aufgrund dessen ihre Frau sechs Wochen im Krankenhaus behandelt werden musste.

Kurz vor dem eigentlichen Show-Down, steht - im wahrsten Sinne des Wortes - ein nicht weniger brisantes Thema ins Haus: Weihnachtsbaum oder nicht?!

Der auch für ungeschulte Nasen noch gut wahrzunehmende Geruch des letztjährigen Zimmerbrandes ruft unangenehme Erinnerungen wach.

Nie und nimmer hätten Sie gedacht, dass Ihr eigener Sohn sich ausgerechnet am Heiligen Abend als Radikalökologe entpuppt und den Weihnachtsbaum, den sie unter Einsatz ihres Lebens im Wald geklaut hatten, ohne Diskussion in Brand stecken würde.

Die Schusswunde des Försters, der sie bei dieser Nacht-und-Nebel-Aktion mit einer Wildsau verwechselte, ist zwar gut verheilt, die Anzeige wegen des durch den Diebstahl verursachten Flurschadens läuft aber immer noch.

Da ihr Sohn in diesem Jahr, aller Voraussicht nach, nicht am Weihnachtsfest teilnehmen wird (im Rahmen einer Greenpeace-Aktion hängt er schon seit vier Wochen am Schornstein eines ostdeutschen Braunkohlekraftwerkes), entschließen sie sich erneut einen Weihnachtsbaum aufzustellen.

Diesmal allerdings einen, der, nicht zuletzt aus gesundheitlichen Gründen, legal erworben wird.

Nach dem Eklat (Ejakulat?) im vergangenen Jahr verzichten sie diesmal auf einen professionellen Weihnachtsmann.

Der damals bestellte junge Mann von der Agentur "Der Weihnachtsmann kommt...", hatte seinen Job sehr wörtlich genommen und war nur mit Polizeigewalt aus dem Zimmer ihrer 17-jährigen Tochter zu entfernen.

Jaja, stille Nacht heilige Nacht - das Fest der Liebe, Einkehr und Besinnung - das ich nicht lache.

Zu keiner Jahreszeit sind die konsumgeilen Menschenmassen, die sich zu Tausenden durch Einkaufszentren und Fußgängerzonen quetschen, gemeingefährlicher. Enthemmt durch den Genuss von billigem Glühwein, genervt von dem allgegenwärtigen Geruch aus Menschenschweiß, Zimt, Nelken, Tannengrün und klebriger Zuckerwatte im Haar ist man jederzeit zu einem Mord bereit.

Fragen Sie doch mal höflich, ob Sie jemand an der Kasse vorlässt, weil Sie es eilig haben, oder probieren Sie ein kurzes Gespräch mit der freundlichen(?) Kassiererin anzufangen, wenn zwanzig mit Einkaufswagen und Regenschirmen bewaffnete Leute hinter Ihnen in der Schlange stehen. So schnell wie man Ihnen den Einkaufswagen in die Hacken rammt oder ein Unbekannter Ihnen einen original Solinger Knirps über den Schädel zieht, können Sie gar nicht reagieren, und ehe Sie sich versehen, finden Sie sich am Ende der immer riesiger werdenden Schlange wieder.

Zur Vermeidung von schweren körperlichen Schäden bei allen zukünftigen Weihnachtseinkäufen empfehlen wir:

1) Stabiles Schuhwerk (Ski- oder Springerstiefel, Cowboystiefel mit Stahlkappe);

2) Regenschirme, die sich, wie schon erwähnt, hervorragend auch als Hieb-, Stich-, und Stoßwaffen einsetzen lassen, sind also unbedingt mitzuführen;

3) Rucksack! Ein Mensch mit handelsüblichen Taschen an der Hand ist wehrlos und damit so gut wie tot, es sei denn, die Taschen hängen tief genug um als Polster für Tritte gegen die empfindlichen Kniescheiben genutzt werden zu können;

4) Alte Kreditkarten locker in der Hand gehalten, signalisieren nicht nur uneingeschränkte Kaufbereitschaft, sondern lassen sich, mittels Nagelfeile gefährlich scharf geschliffen, als unauffällige Waffen einsetzen, um bei der Schnäppchenjagd auf den Wühltischen, die Hände unerwünschter Mitbewerber vom Tisch zucken zu lassen.

Weniger appetitlich, aber ebenfalls ungemein wirkungsvoll, um einem ungestörten Einkaufsvergnügen frönen zu können, sind zwei alte Hausmittel:

Extremer Mund- und Körpergeruch sowie ein halbes Pfund Schuppen auf den Schultern.

Stille Nacht, heilige Nacht.
Alles schläft, einsam wacht!

Fünftens und jetzt is' aber wirklich Schluss:

SELBSTVERHERRLICHUNG UND GRENZENLOSE SELBSTÜBERSCHÄTZUNG

Der Mensch - das einzigartige und wundervollste Wesen der Schöpfungsgeschichte, die Krönung altdeutscher Braukunst, das Nonplusultra im Universum, das Ejakulat der Götter, die Krönung der Evolution!

Unsere Kollegen im Mittelalter dachten, dass sich die Sonne um die Erde dreht und kamen sich aufgrund dieser "Tatsache" mächtig wichtig vor.
In unseren Tagen hat man zwar längst, wenn auch widerwillig, bewiesen, dass das so nicht ganz richtig ist, aber nichtsdestotrotz kommen sich die Menschen heute allesamt noch viel wichtiger vor, als zu den Zeiten, als die Erde noch Mittelpunkt des Universums war.

Getreu dem Motto, "dass nicht sein kann, was nicht sein darf", stellt sich der Mensch nach wie vor auf eine Stufe mit Gott, ja maßt sich sogar an, siehe Gentechnik, vieles im Grunde noch besser machen zu können.

Diese "Ich-bin-ja-so-wichtig-Mentalität", steht allerdings im krassen Widerspruch zu den Realitäten. Der gesamte Erdball mit all' den ach so enorm bedeutungsvollen Nationen, Religionen und exorbitanten Persönlichkeiten ist nämlich faktisch gesehen weniger als nichts.

Hält man sich die Unendlichkeit des Universums so vor Augen, muss jeder nur halbwegs intelligente Mensch zu dem Entschluss kommen, dass selbst unsere Galaxie mit Millionen von Sternen ungefähr so bedeutsam ist wie der Dreck unter dem Fingernagel einer winzigen Filzlaus, die zusammen mit Tausenden von anderen Filzläusen im Genitalbereich eines stinkenden Moschusochsen ein erbärmliches Leben führt.

Selbst wenn irgend jemand, nur so zum Spaß, auf den Gedanken kommt, unserer Sonne mal den Stecker rauszuziehen, dürfte das damit verbundene Ende unseres gesamten Sonnensystems für die Gesamtheit unseres Universums etwa genau so interessant sein, wie die Anzahl der Sackkratzer des Autors pro Woche.

Doch trotz all´ dieser Tatsachen gibt es nichts wichtigeres auf dieser Welt als uns, dem Höhepunkt eines orgiastischen Urknalls, der den Weltraum vor Milliarden von Jahren schuf.

Selbst wenn man nur das Alter unseres Staubkorns Erde, mehrere Milliarden Jahre, in Relation zur gesamten Menschheitsgeschichte setzt - drei Minuten - wird die unglaublich wichtige Stellung der zufälligen Anhäufung des Zellhaufens Namens "Mensch" sehr offensichtlich.

Wahrscheinlich ist im Wissen ob dieses Zustandes auch der Grund dafür zusehen, dass der moderne Mensch nie Zeit hat. "Ich hab's eilig!" "Time is money!" "Purer Luxus, Zeit mitunter sogar zu verschenken!"

Ja, dem Menschen ist nichts unmöglich - selbst Zeit kann er verschenken, wie überaus großzügig, denn normalerweise lässt man sich heute "Zeit" teuer bezahlen.

Kein Mensch hat heutzutage mehr Zeit und deshalb ist der Mensch auch ständig darauf bedacht "Zeit zu sparen". Schnell-Imbiss, Schnellzement, Schnell-Kochtopf, Maggi-Fix, Tempo, Hochgeschwindigkeitszüge, Quickies, schnelle Brüter, Blitzgespräche, Brandbeschleuniger, u.v.m., alles im Grunde nicht anderes als ein lächerlicher Versuch, Gevatter Hein zu überlisten.

Aus Enttäuschung darüber, dass der Jungbrunnen immer noch nicht entdeckt wurde und der Traum vom ewigen Leben, wohl auf immer, ein ewiger Traum bleiben wird, versuchen wir halt zur großen Freude der Wirtschaft, den Sensenmann mit allen uns zur Verfügung stehenden Mittelchen auf der Warteschleife zu halten.
Pillen, die versprechen den Alterungsprozess hinauszuzögern; Tausende, mit Nanosphären und Collagen angereicherte, nicht nachfettende Cremes, die die runzlige Haut wieder straffen sollen; Tinkturen, die den kreisrunden Haarausfall zum Stillstand bringen können; Hormonpräparate aus extrahierten Ochsenhoden, die den Libidotrieb nicht verkümmern lassen, und, und, und.

Wem das alles nicht reicht, der begibt sich in die rasiermesserscharfen Hände von plastischen Chirurgen, einer Zunft, die sich dank des zunehmenden Schönheitswahns in unserer Gesellschaft dumm und dämlich verdient.

Da die Gentechnik noch etwas hinterherhinkt, ist eben gute, alte Handwerkskunst gefragt.
20 Kilo Fett rund um die Hüften (Reiterhosen) absaugen? - Kein Problem; Titten á la Dolly B., Doppelkinn, Tränensäcke, Hängehoden, Schwanz zu klein, Schamlumpen statt -lippen; - Wir helfen Ihnen gerne.
Schließlich gibt es ja so was wie den ärztlichen Berufsethos und nichts ist unmöglich.

Tja, der intelligente, aufgeklärte und selbstbewusste Mensch von heute definiert sich eben zum einen über den materiellen Besitz, zum anderen über das persönliche Erscheinungsbild.

Zusammenfassend muss man zu dem Schluss kommen, dass der Homo Sapiens eine parasitäre, ungewollte Mutation der Evolution ist.
Aber wie wir aus dem Biologieunterricht wissen sollten, unterliegen krankhafte Lebewesen auf kurz über lang einer natürlichen Selektion, dass heißt, sie werden ausgemerzt bzw. wie in unserem Fall, merzen wir uns selbst aus.

So wird unsere Welt mit allergrößter Wahrscheinlichkeit in Bälde wenigstens als größte Sondermülldeponie des Universums in die Geschichte eingehen.
Ich persönlich hätte mittlerweile nichts mehr gegen einen versehentlichen globalen Atomschlag oder gegen

eine gescheite Sintflut, denn besser *ein Ende mit Schrecken, als ein Schrecken ohne Ende.*

Kommen wir aber zurück zu der oben genannten, exorbitanten Gewichtung, welche dem äußeren Erscheinungsbild eines Menschen in unserer modernen Gesellschaft zukommt.

Die ungeheure Bedeutsamkeit von rein äußerlichen Attributen spiegelt sich neuerdings im besonderen Maße auch in der Politik, beziehungsweise an den "Volksvertretern" wieder, die weltweit gewählt werden.

Obwohl es wohl selbst dem allergrößten Schwachkopf klar sein sollte, dass ein gewisses Maß an Intelligenz und Kompetenz für einen Posten als Staatschef durchaus von Nutzen sein könnte, wird heutzutage offensichtlich immer weniger Wert auf solche "veralteten" Wahlkriterien gelegt. Der Spitzenkandidat von heute muss in erster Linie "fernsehtauglich" sein.

Dies ist ausnahmsweise keine Wortkreation, die auf meinem Mist gewachsen ist, sondern schlichtweg ein unverzichtbares Dogma für die Werbestrategen und Imageberater, die eine moderne Wahl in unseren Tagen organisieren.

Ohne irgend jemandem auf den Schlips treten zu wollen, (würde ich ja schon gerne, aber man hat mich gewarnt), unter uns Pastorentöchtern gesagt, wahre Denker und Lenker brauchen ja wohl mitnichten einen Imageberater.

Ich kann mir lebhaft vorstellen, was zum Beispiel Adenauer oder Chruschtschow von Imageberatern gehalten hätten.

Chruschtschow hätte diesen, bei guter Laune, entweder sofort nach Sibirien deportiert, oder direkt standrechtlich erschießen lassen (schlechte Laune); Adenauer hätte wohl auf gut Kölsch so etwas wie: "Mach' dat de fott küss, du Tünnes!" gesagt, ihn am Liebsten aber - natürlich - auch erschossen.

Ich mein', Ludwig Erhart hat auch Zigarre geraucht, aber das war eben bei ihm, unbestritten, nicht das Einzige, was er konnte.

Womit wir schwuppdiwupp, mitten in einer Thematik sind, die ich "aus Sicherheitsgründen" eigentlich aussparen wollte:

Sechstens und jetzt wird's erst richtig lustig:

DIE POLITIK!

Gut, ich sag´ mal, dass jeder noch nicht vollkommen Verblödete, also fast niemand, schon längst mitbekommen hat, dass unsere Herren Politiker im Grunde fast gar nichts mehr zu sagen haben.

Sie sind in letzter Instanz doch nur noch Marionetten der Großindustrie, aber neuerdings, sehr schick angezogen.

Ich selbst habe mir noch vor Kurzem auf Anraten von guten Freunden ernsthaft überlegt, in die Politik zu gehen.

Ich seh' gut aus (hoho!), habe mehr Charisma als Baghwan und bin dabei, wie Sie unschwer erkennen können, immer bescheiden geblieben.

Leider bin ich aber tödlich unfotogen, sozusagen weniger fernsehtauglich als ein halbes Pfund Gehacktes, aber mit entsprechenden Filtern und Schminke, lässt sich heutzutage schon sehr viel kaschieren, wie wir alle wissen.

Der Tatsache zum Trotz, dass ich seit jeher als der "schlechtangezogenste Mann" der Region bezeichnet werde, hätten wir das mit den Klamotten, auch mehr oder weniger locker, hinbekommen (Obwohl ich gestehen muss, dass mir mausgraue Zweireiher und schwule Designerschläppchen ein Greul sind).

Die mir eigene Trinkfestigkeit ist zwar von Nutzen, aber mit "uns Willi" hat sich schon vor längerer Zeit, der letzte charismatische Trinker (die Betonung liegt auf charismatisch, denn Trinker gibt es mehr denn je) aus dem Deutschen Bundestag verabschiedet, und ein Posten in der russischen Duma ist, bis auf die permanente Sauferei, nicht sonderlich erstrebenswert.

Obwohl ich völlig unmusikalisch bin, hätte ich mit Billiboy zwar nicht um die Wette ins Saxophon geblasen - aber mindestens ebenso gut wie er, mir einen blasen lassen können.

Letztlich gescheitert ist das Projekt aber an etwas ganz anderem.

Arschkriechen, schleimen und Leute bescheißen, ist nicht mein Ding. Tja, das schlechte Gewissen, da ist es wieder.

Fairnesshalber muss ich aber einräumen, dass dieser Plan intentional nicht entstanden ist, um die Welt zu verbessern, sondern schlicht und ergreifend aus einem einzigen Grund: *Kohle machen.*

Auf der Suche nach dem ultimativen Job, was Risiko, Einkommen, Einsatz und Absicherung anbelangt, gibt es nur eine Antwort: Politiker.

Keine persönliche Haftung, eigenständiges Erhöhen der "Diäten" bei Bedarf, Reisekostenzuschläge, eigener Versandhauskatalog, gute Beziehungen zur Wirtschaft (diverse, extrem gut bezahlte, Aufsichtsratsposten, die während der offiziellen Arbeit(?) im Bundestag wahrgenommen werden dürfen), lebenslange Renten nach nur sechs Jahren Zugehörigkeit zum Bundestag, und, und, und.

Einzige Voraussetzung: halbwegs rhetorisch bewandert sein, um stundenlang Monolog führen-, und/oder auf lästige Fragen antworten zu können, ohne auch nur annähernd eine greifbare und verbindliche Aussage zu machen.

Im Bundestag selbst beschränkt man sich, wenn überhaupt, auf unflätige, persönlich diffamierende Zwischenrufe und hebt ab und an den Arm im Sinne der Fraktion.

Ja, da muss man sich auch schon mal konzentrieren, sonst gibt's Schelte.

Wer schon einmal eine dieser "hochhinterlektuellen" Bundestagsdebatten verfolgt hat, weiß ziemlich genau, wovon ich rede.

Diese ganzen Debatten könnte man sich mittlerweile wirklich ersparen.

Die wenigsten hören zu, die meisten hängen in der Kantine ab oder glänzen durch gänzliche Abwesenheit und konstruktive, parteiübergreifende Zusammenarbeit gibt es schon mal gleich gar nicht.

Deswegen haben wir, (meine Wahlhelfer und ich), kollektiv beschlossen, dass Politik Scheiße ist (bis auf die Kohle), und uns entschlossen, die "Totalitär-Diktatorische-Monarchie" wieder zu rekonstituieren.

Unter dem Motto "Ein Land, eine Hand, eine Wand", (für lästige Systemgegner), hat man mich einstimmig, allerdings eben vorerst nur intern, zum neuen Monarchen von Großdeutschland ernannt.

Wir warten nur noch auf den Segen des Papstes, der von unserer Idee, der "weltweiten Wiedereinführung der Monarchie" ebenfalls sehr begeistert ist.

Schließlich hat die Kirche zu keinem Zeitpunkt in der Geschichte soviel Moos gemacht wie zu Zeiten der guten alten, jahrhundertelangen Monarchien.

Urbi et Obi und Ora et Labora —
Was Vatikan kann - können wir schon lange!

Jetzt wird der geneigte Leser sich an dieser Stelle fragen: "Wat wollen die denn mit dem Papst?" Einem Mann, der nach wie vor Kondome als Teufelswerk tituliert, das Zölibat predigt, aber ständig seinen eigenen Hirtenstab befingert?

Ist doch wohl logisch, oder?

Der weltweite Einfluss der katholischen Kirchen ist, nicht zuletzt dank der vielen blutigen Kreuzzüge, nach wie vor ungebrochen und weitreichend.

Viel wichtiger aber ist die Tatsache, dass die Kirche über ein gigantisches, im Laufe der Jahrhunderte neben vielen Scheiterhaufen angehäuftes Vermögen verfügt.

"Der Groschen im Klingelbeutel klingt,
die Seele in den Himmel springt".

Und ein gescheiter Umsturz kostet, (außer einer Menge Menschenleben), in erster Linie viel, viel, Geld.

Und da der Papst, das von uns unterbreitete Angebot (ein Volk - eine Kirche; nieder mit Luther; Re-Reformation; Konvertierung oder eiskalte Ächtung aller Protestanten; Inquisition; Hexenverbrennungen; Wiedereinführung der Lehnsknechtschaft und Abgabe des Zehnten und dem Recht der "ersten Nacht"; Straffreiheit für Päderasten etc.), nicht ausschlagen wird, ist die Frage der Finanzierung erst einmal gesichert.

Positiver Nebeneffekt: meine Revoluzzerfreunde und ich trinken, ähnlich wie (früher) viele Päpste, schon mal ganz gern einen über den Durst, und dank des Schulterschlusses mit dem Klerus, ständen uns auf einen Schlag ein ganzer Haufen hauptamtlicher "Pfahrer" zur Verfügung, die uns von einer Kneipe in die nächste fahren müssten.

Ein himmlischer Gedanke! Hosianna und Frohlocken!

Zurück zum Umsturz.

Mit dem Kirchengeld heuern wir ein erstklassiges Söldnerteam aus allen Teilen der Welt an und begeben uns dann gemeinsam zum Schlussverkauf in die ehemalige Sowjetunion.

Für eine Handvoll Dollar und kistenweise billigen Wodka wird dort von A, wie Atomrakete (natürlich nur zur Abschreckung) bis Z, wie Zündhölzer (Brandschatzen und vergewaltigen ist bei allen Söldnern sehr beliebt und hebt die Stimmung ungemein), alles besorgt, was für einen ordentlichen Putsch benötigt wird.

Um die eventuell aufmüpfige Bevölkerung zu zermürben wird bundesweit angeordnet, unentwegt alle Kirchenglocken läuten zu lassen.

Dies ist auf Dauer effektiver als ein herkömmlicher Angriff mit einer Stalinorgel oder sonstigem Kinderkram.

Aller Voraussicht nach sollten wir spätesten nach zwei Tagen Dauergeläuts, auch den widerstandsfähigsten und mit Ohrstöpseln ausgerüsteten Partisanen, an den Rand des Wahnsinns gebracht haben und können nach dieser „Läuterung" planmäßig, selbstbewusst und siegreich *Phase B* in Angriff nehmen.

Siebtens, einer geht noch und Gnade euch Gott:

WENN ICH KÖNIG VON DEUTSCHLAND BIN!

(Phase B)

Durch die Zentralisierung aller, und wenn ich sage aller, meine ich auch aller, Machtbefugnisse und Entscheidungsgewalt auf mich (respektive der 16 von mir ernannten Kur- bzw. Landesfürsten) ist der Staat allein durch den Wegfall der Diäten für die Hundertschaften unnützer Bundes- und Landtagsabgeordneten, auf einen Schlag saniert.

720 Bundestagsabgeordnete und über den Daumen 2.500 Landtagsabgeordnete á DM 15.000 Diät pro Monat macht sage und schreibe eine Einsparung von schlappen 50 Millionen D-Mark.
Zack, das verstehe ich unter Haushaltssanierung.
Frauen zurück an den Herd und schwupp, gibt's keine Doppelverdiener und damit auch keine Arbeitslosigkeit und kein Mobbing mehr.

Förderprogramme für Pferdekutschen, Ochsenkarren und Rikschafahrer und ratzfatz haben wir uns der Ausbeutung durch die Petrochemie entzogen.
Das bedeutet staufreie Straßen und endlich wieder gute Luft in allen urbanen Ballungszentren. Subventionsprogramme für die Produktion mechanischer Schreibmaschinen und massive Unterstützung der Fahrrad- und Pferdekurierinnung, bei gleichzeitigem Verbot von

Computernutzung und jeglicher Inanspruchnahme tele-kommunikativer Hilfsmittel.

Sofortiges Abschalten sämtlicher Atomkraftwerke und Einstellung der Energiegewinnung aus fossilen Brenn-stoffen. Wer es warm haben will, soll sich bewegen. Bewegung ist gut: *wer rastet der rostet.*

Gleichzeitig würden dadurch die Krankenkassen auf einen Schlag Milliardenbeträge einsparen und könnten sich erstmals seit fünfzig Jahren wieder auf die wesentli-chen Krankheiten wie Tripper und Gonorrhoe konzent-rieren.

Nix mehr mit Migräne, durch Übergewicht bedingte Rückenschmerzen und Haltungsschäden und psycho-somatischen Erkrankungen, wie Neurodermitis, Pollen-allergie, Menstruations- und Prostatabeschwerden.

Bedingungsloses Autarkiebestreben und sofortige Ab-kehr von Schnapsideen wie Einführung des EURO, sofortiger Austritt aus der NATO, der wir schließlich vierzig Jahre lang Milliarden von DM in den Arsch ge-blasen haben, nur damit man unter Federführung der USA alle paar Jahre irgendwo als vermeintlicher Befreier auftreten kann.

Schließlich werden die überfüllten Waffenarsenale nur deshalb leer gebombt, damit sich die Waffenhändler-lobby nach getaner Arbeit ihre neunte und zehnte gol-dene Nase verdienen kann.

Deren Leitspruch: Gold, Diamanten und Kupfer und Zink, nur halb soviel Gewinn erbringt! Der Rubel richtig in der Kasse klingt, solang' jemand auf unsere Landminen springt.
Wir machen die größte Dividende, durch Menschen ohne Bein und Hände!
("Der Autor hört jetzt besser auf - sonst geht er bei 'nem Anschlag drauf!" / Auszug aus einem Bekennerschreiben einer mir kürzlich zugestellten Briefbombe).
Das aber nur am Rande.

Die mit Sicherheit größte und beschwerlichste Aufgabe bleibt allerdings die radikale Entgiftung des menschlichen Geistes.
Eine logistische Meisterleistung wird es sein, alle sich in Umlauf befindenden Fernseh- und Videoapparate innerhalb kürzester Zeit unschädlich zu machen.

Ich sage nur "Schneeballsystem". Kostengünstig und genial zugleich werden etwa hunderttausend Vorschlaghämmer an ausgewählte Haushalte ausgegeben bzw. mit einem mächtigen Hieb exakt in den Bildröhren aller sich in Volkseigentum befindlichen Fernsehgeräte platziert.

Unter Ausnutzung einer der größten menschlichen Charakterzüge, dem Neid der Besitzlosen, werden die so Geschädigten aufgerufen den, natürlich kostenlosen, Vorschlaghammer auf ähnliche Art und Weise bei einem beliebigen Nachbarn abzustellen.

Eine sehr implodierende Idee. Die sich nach Beendigung der Aktion anschließende Suizidwelle der Hundertschaften von Ex-Talkmastern, Fernsehreportern und der Mainzelmännchenhorde muss hierbei leider billigend in Kauf genommen werden, stellt aber mit Sicherheit (bis auf die Mainzelmännchen) keinen größeren Verlust für die Menschheit dar.

Die weltweit größte Gefahr für jedes Staatensystem und die noch junge Monarchie sind natürlich, wie überall auf der Welt, die nationalen und internationalen Großbanken und Versicherungskonzerne und deren auf Kosten anderer angehäuftes Kapital.

Geld regiert die Welt - ohne auch nur jemals etwas Greifbares erschaffen zu haben oder mit der eigenen Hände Arbeit etwas Fassbares erarbeitet zu haben, haben diese „Buchgeldwürmer" sich zur Spitze des Elfenbeinturmes durchgefressen und auf ihrem Weg dorthin ein überaus marodes Bauwerk hinterlassen, das jede Sekunde einzubrechen droht.

Dies wurde und wird aber von diesen kleinen verfressenen Parasiten billigend in Kauf genommen, denn der Profit ist nun mal das Maß aller Dinge.

Mann überlege sich nur den Schwachsinn des weltweiten Aktienhandels - während noch heute Skatrunden, bei denen man um einen Pfennig pro Punkt spielt, strafbar sind, wird das weltweite Glücksspiel mit Aktien, sprich mit Milliardenbeträgen und Millionen von Arbeitsplätzen sogar staatlich gefördert.

Die Finanzjongleure gehen über Leichen, die Aktienindexe in Japan, USA und Europa sind die heiligen Kühe der Neuzeit - glänzend nach außen, jedoch vollkommen hohl.

Kriegt der Herr Dow Jones mal irgendwann keinen mehr hoch, wird auch bei uns der Dachs auf die rote Liste gesetzt und man sieht auch keinen einzigen Asiaten mehr freundlich nicken - dann macht's nämlich einfach "DängXiaouPäng" und das aus Aktienpapieren gebaute Kartenhaus der Weltwirtschaft bricht schneller zusammen, als Götz G. "Scheiße" sagen kann.

Um diesem Effekt entgegenzuwirken und mir meine eigene Machtposition zu stärken, werden all diese Institutionen leider kompromisslos und mit aller Härte enteignet werden müssen.

Kommen wir aber nun zu den erfreulichen Dingen, die die junge Monarchie für das gemeine Volk mit sich bringen würde:

In Anlehnung an die Jahrtausende alte Maxime von Julius Cäsar "Brot und Spiele für das Volk" wird die neue Monarchie auf vier Säulen aufgebaut sein.
Wer jetzt ad hoc an solch' abgenutzte Staatsdogmen wie zum Beispiel "Gleichheit, Freiheit und Brüderlichkeit ", oder "Schwerter zu Pflugscharen", "Ein Scheich, ein

Volk, ein Syrer" oder sonstigen ideologischen Müll denkt, welcher sich in der Geschichte noch nie als praktikabel erwiesen hat, liegt vollkommen falsch.

Der Mensch an sich ist eher genügsam und vor allem und am Liebsten absolut unpolitisch (hierfür sind nicht zuletzt die ständig rückgängigen Wahlbeteiligungen in den sogenannten Demokratien ein klares und nicht zu leugnendes Indiz).

Das neue Staatsgefüge wird daher auf folgenden Grundfesten ruhen:

Die vier großen **B**'s!
Zwei dieser Grundfeste orientieren sich an den animalischen Urtrieben des Menschen, als da wären, erstens, dem Verlangen nach Nahrung (**B**ROT) und zweitens dem Fortpflanzungstrieb (**B**EISCHLAF).

Die beiden anderen Säulen der neuen Staatsordnung berücksichtigen Eigenschaften von eher "kultureller Natur", die uns im weitesten Sinne *eigentlich* von den anderen Lebewesen dieses Planeten unterscheiden sollten.
Nämlich drittens die Rausch- bzw. Genussmittel (**B**IER) sowie viertens Musik, hier im Besonderen die **B**EATS PER MINUTE (Schläge aufs Trommelfell per Zeiteinheit).

Neben der Nationalflagge, in der die angesprochenen vier B's Eingang finden werden, muss natürlich auch die Hymne leicht modifiziert werden.

Wie gehabt bleibt die Melodie von Haydn, bitte **jetzt aufstehen** und laut und **deutlich mitsingen**

Vereinigung mit Recht auf Geilheit —
für unser einig Schlaharaffenland,
darauf lasst uns einen heben,
brüderlich mit Herz und Hand!

Einigbreit, mit Recht auf Freiheizeit,
Bierflaschen nur noch ohne Pfahand,
Blüh' im Glanze deines Glühühückes,
blühe Deutsches Vaterland.

Glüh', ohh Spitze des besten Stühükes,
nie wieder benutz' die eigne Hand.

In Planung, aber noch nicht bis zum Letzten ausgereift, sind staatliche Trinkgelder für kinderreiche Familien und Spirituosensteuererlass für Vieltrinker, wie Ärzte und Piloten, natürlich den gesamten Klerus, inklusive der sechszehn Kurfürsten.

Gänzliche Aufhebung der Promillegrenze an hohen Feiertagen wie „Trinksten", Erntetankfesten, Tag der deutschen Reinheit(sgebote), den Glühweihnachtstagen und natürlichen zu Karneval sowie an allen restlichen 355 Tagen im Jahr.

Kompletter Ausbau der deutschen Weinkarte, Patentamt für Schnapsideen, Aufzuchtsstationen für einheimische Schluckspechte sowie für die vom Aussterben bedrohte Schnapsdrossel, freiwillige Feuerwehren zur Bekämpfung von gefährlichem Weinbrand und Feuerwasser, sozialer Wohnungs-Schabau, neuerliche Rechtschreibereform: Nominativ, Akkusativ, Aperitif und Digestif; Obstlerplantagen, Elektrifizierung der Nation, das heißt, alle ständig unter Strom nur unterbrochen durch vereinzelte Kurze, Kirschwasser und Himbeergeisterbahnen für die lieben Kleinen, Pflaumenschnapsbehandlung für Triebtäter, gnadenloser Eierlikör für Vergewaltiger, Ausstattung aller Reservisten mit hochmodernen Kümmel- und Korn-Zielwasservorrichtungen, Ächtung der Prohibition und Förderung der Prostitution.

Der Alk als neuer Wappenvogel, Delirium Tremens statt Nirwana, "Leber tot als rot", Verbot von Fuselfreien Staublappen, Verbot von subversiven Gruppierungen wie den Anonymen Alkoholikern etc..
Förderprogramme für den Anbau von Weinbrandbohnen, Doppelkorn und Williamsbirnen oder auch nur für die Bereitstellung von Brachland zum hemmungslosen Rumkugeln, nachträgliche Heiligsprechung von Franz Brandwein, Rainer Alkohol, den Bier Musketieren, den Abt Sinth, dem reichen und mächtigen Fuselmanen, Scheich Ben Zin (kleiner Slibowitz), Johannes Paul dem Säufer, Klarer Schumann und natürlich nicht zuletzt dem unerschrockenen Indianer "Auf einen Bein kann er nicht steh'n"!

Natürlich bleibt die Pressefreiheit der schreibenden Zunft erhalten, allerdings wird der Vielfalt der angebo-

tenen Zeitungen (aus Übersichtsgründen) Einhalt gebo-
ten. Zensur findet nicht statt, aber eine gewisse Linien-
treue wird natürlich erwartet. Es wäre schließlich fatal,
den Gewohnheitsopportunisten und verwirrten Dema-
gogen auch noch ein Forum für ihre subversiven
Schmähschriften zu bieten.

Gerade in der Übergangszeit werden wir wohl deshalb
nicht um eine Art "Staatssicherheitsdienst" drumrum-
kommen.
Ich glaube, die Jungens werde ich aber "Gleichstellungs-
beauftragte" nennen, das klingt doch irgendwie viel
freundlicher, oder?

Im Zuge der von mir angestrebten Sanierung des Staats-
haushaltes und der benötigten Geldmittel für die oben
genannten Förderprogramme werde ich aber einen Teu-
fel tun, für die Kasernierung von Dissidenten auch nur
einen Taler aufzuwenden.
Kriminelle, Oppositionelle und Fontanelle aufgemerkt:

Unter Resozialisation und Gleichschaltung verstehe ich
etwas anderes als sündhaft teure Segeltörns in die Kari-
bik auf Kosten der fleißigen Spirituosensteuerzahler!

Ich denke da eher an manuelles Sudkesselsäubern, Rei-
nigung von Destillationsanlagen mit geradezu mikrosko-
pisch kleinen Wurzelbürsten, niedere Arbeiten auf gänzlich entmaschinisierten Bio-Bauernhöfen, welche durchweg von extrem sadistischen Exlegionären geleitet werden.

Die Erfahrungen, wie viel Leid, Schmach und Pein ein einzelner Mensch ertragen kann, wird euch zutiefst be-eindrucken, meistens jedoch einfach nur verwundern. Die Einsichtigen dürfen sich nach wenigen Monaten über eine Transatlantik-Schifffahrt freuen.
Zu diesem Zweck sind bereits jetzt schon über 500 Galeeren nach alten römischen Plänen rekonstruiert worden....!

Reisen bildet. An die langen Ruder gewöhnt man sich in der Regel sehr schnell und das Grönland-Packeis wird euch begeistern!

NACHWORT

Es ist Tatsache, dass dieses Buch zu einem Bestseller
werden wird, und die damit verbundenen nationalen sowie internationalen Auswirkungen auf Politik, Weltkli-
ma, Geburten- und Suizidrate, nötigen den Autor zu
folgendem rechtsverbindlichen und notariell beurkunde-
ten Klauselpapier:

1) Alle in diesem Buch genannten, erwähnten oder
   auch nur assoziierten Personen, Artikel, Orte, Religionen, Länder und Sitten, sind frei erfunden. Ähnlichkeiten mit toten oder noch lebenden Personen,
   Artikeln, Orten, Religionen und Ländern, sind dem-
   nach rein (echt - ischwrööööhreey) zufällig und nicht
   beabsichtigt.

2) Eventuelle Klagen wegen Verleumdung, Beleidi-
   gung, Erregung öffentlichen Ärgernisses, Schnupfen, Flugtripper und Ähnlichem sind von vornher-
   ein nichtig, da die Autoren (der ist nämlich mehrere)
   sich im Vorfeld eine Unzurechnungsfähigkeitsbe-
   scheinigung, durch das örtliche Amt für Veterinär-
   medizin ausstellen haben lassen.

3) Der Autor (einer von denen) behält sich vor, jedem,
   der Auszüge aus diesem Werk eigenmächtig verviel-
   fältigt und in Umlauf bringt, die Pest an den Hals zu
   wünschen und mit Ungemach zu belegen. Dies gilt
   für einzelne Sätze und Wörter ebenso, wie für in

Auszug gebrachte Umläufe. Ebenfalls ist es verboten dieses Buch zu verleihen, jemanden zu pumpen, zur Ansicht zu überlassen oder längere Passagen zu rezitieren. Das „Indenraumwerfen" von kurzen Anekdoten im Kreise kaufkräftiger Mitbürger hingegen, ist gewünscht und wird mit Wohlwollen bedacht. Das Hinzufügen von prägnanten Sätzen wie „Das müsst ihr Euch kaufen" oder „Ein ideales Geburtstagsgeschenk", wird zutiefst begrüßt!

4) Der neugewonnene Ruhm und Reichtum der Autoren gibt nicht den geringsten Anlass dazu, bei Selbigen verstärkt als Bittsteller, Mitesser oder sonstiger Schmarotzer vorstellig zu werden (Kaheineschongse). Ebenso sind Wallfahrten und Pilgerzüge zu den Geburtshäusern und Messen und Demonstrationen an den Geburtsstätten der Autoren tunlichst zu unterlassen (Ich kriech sonst tierischen Ärger mit meiner Mama).

Zuwendungen in Form von Bargeld, Verrechnungsschecks, Wertpapieren, hingegen, werden dankend entgegen genommen und sinnvoll angelegt (Aktien von Deutscher Post AG, sowie - Bundesbahn bitte nicht).